CRISTAUX

POUR DÉBUTANTS

CRISTAUX
POUR DÉBUTANTS

UN GUIDE POUR COLLECTIONNER
ET POUR UTILISER LES PIERRES ET LES CRISTAUX

Corrine Kenner

Traduit de l'anglais par
Renée Thivierge

ADA éditions

Éditeur : François Doucet
Traduction : Renée Thivierge
Révision linguistique : Féminin pluriel
Correction d'épreuves : Nancy Coulombe, Kevin Shanks
Conception de la couverture : Matthieu Fortin
Photo de la couverture : © Thinkstock
Mise en pages : Sébastien Michaud
ISBN papier 978-2-89667-404-6
ISBN numérique 978-2-89683-171-5
Première impression : 2011
Dépôt légal : 2011
Bibliothèque et Archives nationales du Québec
Bibliothèque Nationale du Canada

Éditions AdA Inc.
1385, boul. Lionel-Boulet
Varennes, Québec, Canada, J3X 1P7
Téléphone : 450-929-0296
Télécopieur : 450-929-0220
www.ada-inc.com
info@ada-inc.com

Diffusion

Canada :	Éditions AdA Inc.
France :	D.G. Diffusion
	Z.I. des Bogues
	31750 Escalquens — France
	Téléphone : 05.61.00.09.99
Suisse :	Transat — 23.42.77.40
Belgique :	D.G. Diffusion — 05.61.00.09.99

Imprimé au Canada

Participation de la SODEC.
Nous reconnaissons l'aide financière du gouvernement du Canada par l'entremise du Programme d'aide au développement de l'industrie de l'édition (PADIÉ) pour nos activités d'édition.
Gouvernement du Québec — Programme de crédit d'impôt pour l'édition de livres — Gestion SODEC.

Catalogage avant publication de Bibliothèque et Archives nationales du Québec et Bibliothèque et Archives Canada

Kenner, Corrine, 1964-

Cristaux pour débutants : un guide pour collectionner et pour utiliser les pierres et les cristaux
Traduction de : Crystals for beginners.
ISBN 978-2-89667-404-6
1. Cristaux - Miscellanées. 2. Gemmes - Miscellanées. 3. Occultisme. I. Titre.

BF1442.C78K4614 2011 133'.25538 C2011-941151-2

Table des matières

Introduction

Les gens ont toujours été fascinés par les cristaux. Depuis que les chasseurs-cueilleurs préhistoriques ont découvert du quartz qui brillait dans le lit d'une rivière ou un éclat brillant à flanc de coteau, les hommes et les femmes ont cherché à incorporer les cristaux dans leurs vies, tant comme objets de beauté que comme outils pour le corps, l'âme et l'esprit.

Nos premiers ancêtres ont trouvé des moyens innovateurs de confectionner les pierres et les cristaux pour en faire des outils comme des couteaux, des pointes de flèche et des hameçons. Même si nous ne sculptons plus des haches ou des lames dans la pierre, nous dépendons toujours des cristaux autant que nos prédécesseurs, et peut-être même encore plus.

En fait, nous sommes plus tributaires des cristaux que les humains ne l'ont été dans toute autre civilisation de l'Histoire. Comme les gens de la préhistoire, nous utilisons à l'occasion des cristaux pour allumer des feux — nous avons tout simplement modernisé le procédé avec des briquets au butane d'une technologie relativement rudimentaire. Nous comptons aussi sur les cristaux dans la construction et dans les industries manufacturières, et nous en avons fait une composante principale de notre équipement de communication. Sans cristaux, notre technologie et notre société ne sauraient fonctionner.

Donc, contrairement à nos premiers ancêtres, nous ne ramassons pas simplement des pierres et des cristaux dans les endroits où nous pouvons les trouver. Au lieu de cela, nous inventons continuellement de nouvelles techniques pour découvrir de nouveaux cristaux, et nous creusons plus profondément que jamais pour les atteindre. Lorsque nous ne pouvons extraire les cristaux dont nous avons besoin, nous développons des spécimens parfaits en laboratoire.

Et tout comme les premières civilisations employaient les cristaux pour la divination, plusieurs d'entre nous les utilisent toujours pour se connecter au Divin.

Les cristaux nous donnent certainement la preuve d'un créateur intelligent; ils sont structurés selon des règles mathématiques précises et arborent des motifs géométriques clairement définis. Pour beaucoup de gens, les cristaux offrent une preuve tangible de la perfection divine et du plan divin.

Cependant, chaque cristal est unique et doté de propriétés et de caractéristiques aussi variées que le sont les êtres humains. Les cristaux peuvent même servir de métaphore du développement humain. Ils demeurent en gestation au plus profond de la Terre, contraints de se développer sous une intense pression, et rendus magnifiques par les rigueurs du temps et de la température. De plus, tout comme nous, leurs interactions avec les éléments leur donnent de la profondeur, et leurs défauts leur donnent du caractère.

Au cours des dernières années, un certain nombre de praticiens spirituels ont fait la promotion de l'usage des pierres et des cristaux, surtout pour la guérison. Les cristaux peuvent être utilisés pour la méditation, la divination et le développement personnel.

Ce livre vous fera découvrir l'univers mystique des cristaux et vous fournira l'information nécessaire pour que vous puissiez intégrer les cristaux à votre vie quotidienne.

Plus légers, plus brillants et meilleurs

Les avantages du travail avec les cristaux

Des agates au zoïsite, le nombre de cristaux actuellement sur le marché peut sembler écrasant. Et c'est aussi le cas de tous les pouvoirs attribués à ces cristaux.

Vous sentez-vous seul ? Emparez-vous d'un quartz rose. Vos genoux vous font-ils mal ? Essayez de porter du calcite lorsque vous allez faire une promenade. Voulez-vous tenter votre chance à Las Vegas ? N'oubliez pas votre aventurine verte.

Peu importe ce qui vous afflige ou l'objectif que vous avez en tête, il semble que l'on puisse vous recommander un cristal pour guérir tous vos maux ou pour vous apporter la chance. Vous pourriez passer des années à lire et à étudier les livres encyclopédiques qui décrivent les différentes propriétés métaphysiques des cristaux, pierre par pierre. Et s'il est vrai que des cristaux individuels possèdent leurs propres forces, un nombre surprenant d'avantages peut être attribué à *tous* les cristaux. Vous n'êtes pas obligé de mémoriser de longues listes de propriétés et d'associations pour travailler avec les cristaux, et vous n'avez pas à choisir les cristaux en vous basant sur des données trouvées dans un livre.

En fait, vous allez découvrir qu'on peut attribuer à chaque cristal une longue liste de caractéristiques et de bienfaits, ce qui rend un peu moins décourageant le choix d'une pierre pour vos propres besoins.

Les propriétés suivantes s'appliquent à tous les cristaux de la Terre :

- Tous les cristaux peuvent vous aider à équilibrer votre corps, votre esprit et votre âme.
- Tous les cristaux peuvent recevoir et entreposer de l'énergie. Tous les cristaux ont aussi la capacité d'amplifier cette énergie, de la concentrer et de la transmettre aux autres, à un degré ou à un autre.
- Tous les cristaux vous permettent de vous sentir en sécurité et protégé contre l'énergie négative, et ils peuvent même vous rendre plus énergique. Il n'y a rien de mieux que vous brancher sur un cristal pendant quelques minutes pour vous aider à recharger vos piles spirituelles.
- Tous les cristaux sont stabilisants, parce qu'ils sont originaires du ventre de la Terre mère, ce qui signifie que vous ne pouvez vous trouver plus près du sol qu'un cristal.
- Tous les cristaux, puisqu'ils proviennent des profondeurs de la Terre, peuvent vous aider à accéder à votre sagesse intérieure. Métaphoriquement

parlant, tous les cristaux peuvent vous aider à extraire vos réserves enfouies d'énergie et de force, ainsi qu'à découvrir vos talents cachés.

- Tous les cristaux peuvent vous aider à vous calmer et à centrer vos émotions pour que vous puissiez continuer à avoir une meilleure santé, un meilleur sommeil, de meilleures pensées et un meilleur bien-être émotionnel. Le simple fait d'exposer des cristaux bien en évidence dans votre maison ou dans votre bureau peut favoriser la création d'un environnement plus paisible. Si, le soir, vous fixez un cristal, vous vous sentirez plus détendu, vous vous endormirez plus rapidement, et votre nuit sera plus reposante.

- Tous les cristaux peuvent aussi vous aider à développer une vie onirique plus riche, plus enrichissante, avec des rêves plus heureux et dont vous vous souvenez mieux.

- Tous les cristaux peuvent stimuler la confiance et l'estime de soi en servant d'amulettes, de talismans et de porte-bonheurs.

- Tous les cristaux peuvent être employés comme outils pour l'intuition et la méditation ; après tout, il doit exister une raison pour laquelle les gens fixent des boules de cristal depuis des siècles.

- Tous les cristaux peuvent vous aider à communiquer avec Dieu et avec votre Moi supérieur. La structure géométrique et la conception parfaites des cristaux sont des preuves convaincantes que Dieu fonctionne avec un plan. Cette connexion au Divin peut vous aider à découvrir votre destin et à ressentir plus d'espoir et d'optimisme à propos de l'avenir.

- Tous les cristaux peuvent vous aider à être plus créatif. Lorsque vous combinez votre amour de la beauté avec une admiration de la structure et de la symétrie cristallines, vous intégrez en fait les aspects intuitifs et rationnels de votre esprit — l'hémisphère gauche de votre cerveau, logique, et l'hémisphère droit de votre cerveau, créatif.

- Tous les cristaux peuvent vous aider à développer vos habiletés logiques et analytiques. L'étude de l'aspect mathématique de la formation du cristal vous aidera à aimer l'harmonie, l'ordre, la précision et l'organisation.

- Tous les cristaux peuvent même vous inciter à devenir plus méthodique, plus créatif, plus systématique et plus discipliné. Votre mémoire et votre volonté s'amélioreront, et il vous sera plus facile de vous fixer de nouveaux objectifs dans la vie.

- Tous les cristaux peuvent vous aider à préciser vos pensées et, à travers ce processus, à les communiquer aux autres. Puisque vous arrivez à mieux vous exprimer, vous serez plus en mesure de défendre vos idées lors d'une discussion et de contrer les attaques verbales. Vous prendrez plus d'assurance et aurez plus confiance en vous.

- Tous les cristaux peuvent vous aider dans vos relations. Lorsque vous donnez des cristaux en cadeau, ils peuvent aider les autres personnes à se sentir aimées. Lorsque vous partagez votre amour des cristaux avec d'autres, les cristaux peuvent vous aider à vous connecter. Les cristaux sont à tout le moins de bons sujets de conversation, mais ils peuvent aussi vous aider à coordonner vos efforts, à découvrir un rapport avec les autres, et à développer un sentiment de fidélité et de loyauté.

- Tous les cristaux peuvent attirer la chance dans votre vie. Les cristaux servent de balises d'énergie et de rappels tangibles de ce que vous aimeriez attirer. De ce fait, ils peuvent vous aider à prendre de meilleures décisions concernant vos relations, vos finances et votre santé.

- Tous les cristaux peuvent vous aider à vous sentir riche. Vous entourer de pierres et de cristaux étincelants est un moyen de faire l'expérience de la richesse, de s'habituer à la sensation de posséder des objets magnifiques, et de commencer aussi à manifester d'autres richesses matérielles.

- Tous les cristaux, avec leur brillance et leur chatoiement, peuvent même déteindre sur votre personnalité et vous aider à vous sentir plus brillant, plus magnifique.

- Tous les cristaux peuvent vous fournir des intuitions sur votre destin. Ils peuvent tous servir de référence et de rappels de la vie que vous avez vécue jusqu'ici... ou d'autres vies antérieures. Leur connexion avec l'Histoire peut vous aider à réfléchir sur votre passé et à planifier votre avenir.

- Tous les cristaux, du fait qu'ils sont si anciens, peuvent vous aider à reconnaître que la vie continue, même lorsque vous rencontrez des moments de crise et de changement. En agissant ainsi, les cristaux peuvent vous aider à effectuer des transitions, soit majeures, soit mineures, de façon plus gracieuse. À mesure que vous opérez ces transitions, les cristaux peuvent vous aider à reconnaître la cause et l'effet, ainsi qu'à être plus conscient de vos actions, de l'effet que vous avez sur d'autres personnes, et des influences extérieures qui jouent un rôle dans votre comportement et dans votre processus de prise de décision. En conséquence, les cristaux peuvent vous aider à transformer votre expérience en sagesse. Le travail avec les cristaux peut vous aider à mûrir, à développer votre propre capacité innée d'esprit de commandement et à utiliser sagement votre pouvoir.

En bref, tous les cristaux sont de grands guérisseurs et d'excellents outils métaphysiques. Tout ce dont vous avez besoin pour commencer, c'est de trouver les cristaux qui vous conviennent.

Pour vous aider à démarrer

Comment utiliser ce livre

Si vous êtes en train de lire ce livre, c'est probablement que quelque chose à propos des cristaux vous fascine. Ce peut être leur beauté. Ce peut être la sensation du cristal dans votre main, ou bien les sensations et les impressions que vous ressentez lorsque vous les tenez. Peut-être aimez-vous tout simplement les avoir autour de vous parce que vous savez qu'il y a quelque chose de mystique à leur sujet… quoi qu'il en soit, vous n'êtes pas vraiment certain de ce que vous êtes censé *faire* avec eux.

Que vous soyez un débutant ou que vous ayez admiré les brillants minéraux depuis des années, ce livre vous guidera et vous prodiguera des conseils pratiques sur la collection de cristaux ainsi que sur la façon de travailler avec eux et de les comprendre.

Commencez par rassembler tous les cristaux, gemmes et pierres que vous possédez déjà. Avec un peu de chance, vous disposez peut-être même de quelques spécimens qui se trouvent parmi les « vingt cristaux de base » recommandés dans le prochain chapitre. Vous pouvez choisir des pierres supplémentaires à partir des descriptions fournies plus loin dans ce guide.

Un par un, vous devriez apprendre à identifier chaque cristal de votre collection et arriver à savoir ce que chacun peut vous offrir. Vous pouvez vous servir de ce livre pour lire la brève description de chaque cristal, en même temps que pour apprendre leurs propriétés ainsi que leurs associations et applications traditionnelles. Vous pouvez aussi vous référer à un guide standard de pierres et de minéraux.

Vous devriez aussi enrichir vos lectures avec un guide qui vous est propre : commencez tout simplement un cahier de notes ou un journal pour noter vos expériences au fur et à mesure. Il n'est pas nécessaire que ce soit une entreprise particulièrement longue et compliquée. Contentez-vous de dater chaque entrée, consignez les cristaux avec lesquels vous avez travaillé, et prenez quelques notes sur vos expériences. Avec le temps, votre journal de cristaux se transformera en une mine de renseignements sur les gemmes et les pierres de votre collection.

Au fil du temps, vous découvrirez non seulement ce que les cristaux peuvent faire entre les mains d'un praticien habile, mais aussi ce qu'ils peuvent vous apporter personnellement.

Nécessaire de départ

Les vingt cristaux de base pour le novice

Si vous n'avez pas encore de collection de cristaux, commencez par les vingt cristaux de base recommandés. Ils forment un éventail représentatif d'attributs physiques et de propriétés métaphysiques, ont tous un prix abordable et sont faciles à se procurer.

1. L'**agate** se présente dans une vaste variété de couleurs et d'apparences – rayées, tachetées et panachées –, mais ses bandes de couleurs distinctives font allusion aux couches et aux profondeurs cachées à l'intérieur de chacun de nous. Chaque agate se forme en remplissant la cavité d'un rocher hôte. Les agates étaient précieuses durant l'âge de la pierre ; certaines ont été découvertes sur des sites archéologiques qui datent de 22 000 ans, en France. Il y a 5 000 ans, les Égyptiens employaient l'agate dans la fabrication de bijoux et d'amulettes. Les magiciens perses utilisaient l'agate pour faire dévier les tempêtes, et, pendant un certain temps, on a cru que les agates rendaient invisibles ceux qui les portaient, apaisaient la soif et protégeaient les gens contre les fièvres.

Une centaine d'années avant Jésus-Christ, Mithridate, roi du Pont (dans ce qui est maintenant la Turquie), était propriétaire de milliers de bols d'agate[1]. La collection de bols d'agate était aussi populaire durant l'Empire byzantin au Moyen Âge, de même qu'au sein de la royauté européenne durant la Renaissance. Le chapitre *Cristaux mystiques* donne plus d'information sur les différents types d'agates.

2. L'**améthyste** est une pierre royale violette. Elle est beaucoup utilisée par les médiums, qui trouvent que son énergie apaisante stimule leur sens de l'intuition. Les Romains croyaient que l'améthyste avait été créée par inadvertance par Bacchus, le dieu du vin. D'après la légende, un mortel ordinaire avait insulté Bacchus, qui forma alors un groupe de tigres pour détruire le prochain mortel infortuné qui croiserait son chemin. Malheureusement, ce mortel s'avéra être une magnifique jeune fille nommée Améthyste. Diane, la déesse de la Lune, observait la scène et fit tout son possible pour protéger Améthyste ; elle la transforma donc en statue de cristal de quartz pur, insensible aux griffes des tigres. Mais, lorsque Bacchus constata à quel point Améthyste était magnifique, il regretta son accès de rage démesuré et mal planifié. Il pleura des larmes amères de vin rouge foncé sur le cristal, le teignant ainsi en violet[2].

Depuis lors, l'améthyste est désignée comme la « pierre de la sobriété ». Les anciens buvaient du vin dans des gobelets d'améthyste, croyant que le cristal les empêcherait de s'enivrer. Même de nos jours, certains croient

1. http ://www.gemstone.org/index.php ?option=com_content&view=article&id=137 :sapphire&catid=1 :gem-by-gem&Itemid=14

2. JANGL, Alda Marian et James Francis. *Ancient Legends of Gems and Jewels*, Cœur d'Alene (Idaho), Prisma Press, 1985, p. 6.

que l'améthyste peut aider ceux qui sont aux prises avec des problèmes d'alcool, des comportements compulsifs et des dépendances de toutes sortes.

Des pharaons de l'Égypte antique à la famille royale britannique, les améthystes ont toujours été populaires au sein de la royauté, en partie parce que le violet a toujours été considéré comme une couleur royale. Léonard de Vinci croyait que l'améthyste pouvait écarter les mauvaises pensées et rendre les gens plus intelligents. Au Moyen Âge, les administrateurs de l'Église catholique croyaient non seulement que l'améthyste pouvait aider le peuple à demeurer sobre, mais aussi qu'elle pouvait aider les prêtres à rester célibataires. L'améthyste en est finalement venue à être considérée comme la pierre des évêques, et plusieurs évêques portent encore à ce jour des anneaux sertis d'améthystes. Les bouddhistes sont d'avis que l'améthyste est une pierre sacrée et ils confectionnent couramment des rosaires avec des cristaux d'améthyste[3].

3. L'**aventurine** est l'un des plus beaux cristaux. Sa couleur verte apaisante pourrait presque la faire paraître comme du jade, sauf que ce cristal contient de petites inclusions de plusieurs minéraux brillants, qui lui confèrent un éclat étincelant et luisant. (Cet effet est connu sous le nom d'« *aventurescence* ».) Comme son nom l'indique, il est pratique de posséder une aventurine lorsque vous entreprenez n'importe quel type d'aventure créative. Elle est également considérée comme une pierre particulièrement holistique, qui guérit tout ou qui aide à la

3. http ://www.gemstone.org/index.php ?option=com_content&view=article&id=98 : sapphire&catid=1 :gem-by-gem&Itemid=14

guérison sur les plans spirituel, émotionnel et physique. Le nom de ce cristal dérive d'un type de verre italien. Au XVIIIe siècle, des travailleurs du verre avaient répandu de la poussière de cuivre dans un lot du verre en fusion. Le mélange étincelant a été créé *a ventura* – « par chance », en italien.

4. Le **bois silicifié** est intimement lié au passé. C'est un rappel tangible des coutumes et des connaissances anciennes, de même qu'un lien avec le monde continu de la nature. De toute évidence, le bois silicifié peut vous aider à vous connecter au monde des arbres et des plantes. Il peut aussi vous enseigner la préservation et la survie. Certaines personnes se servent du bois silicifié comme d'un outil de régression vers les vies antérieures, en le tenant et en l'examinant pendant la méditation.

Le bois silicifié est un de ces étranges cristaux qui ne tirent pas leur origine de la terre ; il a été formé à partir du monde organique. Le bois silicifié est un type de fossile dans lequel les tissus d'une plante morte sont remplacés par des minéraux. Le processus de putréfaction se produit sous terre, une fois que les bois ou les matériaux boisés ont été soudainement enterrés sous des sédiments. De l'eau riche en minéraux circule à travers les sédiments, déposant les minéraux sur les cellules de la plante. À mesure que la plante originale se décompose, une réplique exacte composée de pierre la remplace.

Si vous aimez travailler avec le bois silicifié, vous pourriez aussi envisager de vous procurer de l'ambre, qui est de la sève d'arbre pétrifiée. Dans plusieurs cas, les cristaux d'ambre incluent les restes fossilisés de petits insectes qui rampaient et bourdonnaient sur la surface de la Terre il y a des millions d'années.

5. La **citrine** a pris son nom du mot « citron ». La citrine est tout simplement un quartz jaune ou orange, mais elle est plutôt rare. La plupart des citrines sur le marché sont en fait des améthystes traitées à la chaleur ou du quartz fumé, mais leur couleur jaune emprunte les propriétés de la citrine originale. Comme tous les cristaux jaunes, la citrine est associée au rayonnement et à l'optimisme du soleil. Et comme toutes les pierres de couleur dorée, elle est associée à la richesse et à la réussite financière.

6. La **cornaline**, une variété rouge, orange ou brune de calcédoine, était traditionnellement consacrée à Isis, la déesse égyptienne qui avait ramené à la vie son époux décédé, Osiris. C'est pourquoi la cornaline est devenue un symbole représentant toutes les épouses et tous les compagnons fidèles. Les Égyptiens de l'Antiquité croyaient aussi que la cornaline pouvait assurer le passage de l'âme dans l'Autre monde, et ils remplissaient leurs tombes avec des joyaux de cornaline. On raconte que le prophète Mahomet portait un anneau de cornaline au petit doigt de sa main droite[4]. La cornaline est aussi associée à l'éloquence et à la confiance en soi ; les gens timides peuvent se sentir plus courageux en portant cette pierre[5].

4. KUNZ, George Frederick. *The Curious Lore of Precious Stones*, New York, Dover Publications, Inc., 1971, p. 64.

5. CUNNINGHAM, Scott. *op.cit.*, p. 94.

7. La **fluorite** est aussi nommée « pierre du génie ». Que vous en trouviez un petit échantillon ou un cristal de présentation volumineux, il ne vous sera pas difficile d'imaginer que vous êtes en train de regarder la ligne d'horizon de New York ou de Chicago alors que le soleil se couche et que le crépuscule jette une ombre bleu violacé sur toute la ville. D'un autre côté, si vous pensez à plus petite échelle, sa couleur violette et sa formation de cubes également espacés peuvent être assimilées à une composante informatique de haute technologie. Il n'est pas surprenant que la fluorite soit souvent associée à une civilisation avancée et à la haute technologie, et ce peut être un bon cristal à posséder si vous effectuez beaucoup de travail informatique ou si vous avez besoin de vous programmer à penser de façon plus logique et plus rationnelle. Ce n'est pas non plus un accident, si le mot « fluorite » ressemble à « fluor » : ce cristal est associé à la santé dentaire.

8. L'**hématite**, une forme de minerai de fer, est l'une des pierres stabilisatrices les plus connues. Son énergie stabilisatrice peut absorber et dissiper les pensées et les émotions négatives. La couleur de l'hématite va du gris acier au noir d'encre. Son éclat réfléchissant en fait un matériau idéal pour la radiesthésie, une forme de divination par laquelle les gens fixent une surface réflective. Les hommes et les femmes de la préhistoire réduisaient l'hématite en poussière afin d'en extraire un pigment rouge ocre qu'ils utilisaient pour leurs peintures dans les cavernes. Les Égyptiens de l'Antiquité utilisaient l'hématite pour fabriquer des amulettes, dont certaines étaient prescrites pour

traiter la folie et les inflammations. Les anciens guerriers romains associaient l'hématite à Mars, le dieu de la guerre, et ils croyaient que, s'ils frottaient de l'hématite sur la totalité de leur corps, ils seraient invisibles pendant le combat. Pline, l'historien de la Rome antique, a aussi affirmé que l'hématite apporterait la chance à quiconque la porterait en donnant une pétition au roi, ou à quiconque souhaitait un jugement favorable dans un procès. Même de nos jours, l'hématite est recommandée à ceux qui sont aux prises avec une situation juridique difficile.

Le mot « hématite » vient du mot grec « *haema* », qui signifie « sang ». Cela fait référence à la couleur rouge trouvée sur des spécimens non polis.

9. La **howlite** est une pierre soyeuse blanc neige dotée de veines grises ou noires lui donnant l'apparence du marbre. C'est l'un des cristaux les plus agréables au contact, car il ressemble à de la porcelaine lisse et froide. La howlite est aussi l'une des pierres les plus intrigantes à regarder, car la plupart des spécimens sont couverts d'un réseau marbré de bandes et de veines noires et grises. Ces marques inhabituelles pourraient vous encourager à examiner votre propre façon de raisonner. Bien que la howlite ait été nommée en l'honneur de celui qui l'a découverte, Henry How, un géologue de la Nouvelle-Écosse, ce nom qui donne froid dans le dos[6] semble aussi se connecter au monde spirituel, et c'est probablement une pierre que vous aimeriez utiliser si vous essayez de rejoindre ceux qui ont traversé de l'autre côté. (Soit dit en

6. N.d.T. : Cette notion de « froid dans le dos » provient du mot anglais « *howl* », qui signifie « hurlement ».

passant, des vendeurs peu scrupuleux teignent parfois la howlite en bleu et essaient de la faire passer pour une turquoise.)

10. Le **jaspe** se présente dans un arc-en-ciel de couleurs et de motifs, mais on le trouve le plus souvent dans des nuances de rouge, de brun et d'orange. Les formes variées du jaspe sont habituellement nommées d'après leurs caractéristiques les plus distinctives. Le jaspe « paysage », par exemple, paraît décrire un paysage entier sur sa surface. Le jaspe rubané semble être enveloppé dans un ruban. Le jaspe orbiculaire semble être recouvert d'images de pavots. Vous pouvez aussi choisir un jaspe bréchique, un jaspe dalmatien, un jaspe « cobra royal », un jaspe « peau de léopard », et plus encore.

Le jaspe est populaire depuis des siècles ; il existe des comptes-rendus sur l'utilisation du jaspe datant de l'Antiquité. Dans le poème grec du IVe siècle intitulé *Lithica*, on parlait du jaspe comme du plus grand producteur de pluie[7].

Il est possible que le jaspe ait constitué la pierre de touche originale. Pendant des milliers d'années, les gens frottaient des alliages d'or et d'argent sur du jaspe noir pour tester leur teneur en or. La couleur de la strie constituait une mesure précise du contenu aurifère.

11. Le **lapis-lazuli**, la pierre du ciel des anciens alchimistes, semble refléter les cieux au-dessus de nous. Cristal bleu foncé doté de taches de pyrite dorée, le lapis-lazuli était une pierre sacrée en Égypte. Certains disent que les

7. KUNZ, George Frederick. *op. cit.*, p. 90.

dix commandements ont été gravés sur des tablettes de lapis-lazuli[8]. Les Égyptiens employaient cette pierre pour la fabrication de produits de beauté et pour la peinture. Les Perses disaient que le firmament devait sa couleur bleue à une énorme plaque de lapis sur laquelle reposait la Terre. Et, pendant des siècles, les peintres ont vénéré le pigment bleu du lapis-lazuli broyé.

12. La **malachite**, dotée de bandes distinctives de vert clair et de vert foncé, est parfois appelée « pierre du vendeur » parce qu'elle peut aider à la fois les acheteurs à obtenir des rabais et les vendeurs à conclure un marché. Dans l'Égypte antique, les gens broyaient de la malachite pour en faire de l'ombre à paupières. Les Romains l'appelaient « pierre de paon » et l'avaient dédiée à la déesse Junon[9]. Durant le Moyen Âge, certains s'en servaient pour se protéger contre la magie noire.

13. L'**obsidienne** est une riche pierre volcanique noire, comme une fenêtre teintée sur l'âme. Parce qu'elle est si noire et si lourde, beaucoup croient que l'obsidienne est la pierre la plus stabilisatrice que l'on puisse trouver. Les peuples préhistoriques utilisaient l'obsidienne pour confectionner des bijoux et des outils ; des exemples ont été datés au carbone 14 vers 21 000 ans avant notre ère. De nos jours, on l'emploie couramment en radiesthésie. Vous pouvez choisir entre l'obsidienne noire classique, l'obsidienne « flocon de neige », ou les légendaires « larmes d'Apache. »

---

8. JANGL, Alda Marian et James Francis, *op. cit.*, p. 21.

9. WALKER, Barbara G. *The Book of Sacred Stones*, New York, Harper-Collins, 1989, p. 147.

14. **L'œil-de-tigre** est une calcédoine brune arborant des lueurs dorées. Lorsque l'œil-de-tigre est coupé et poli, il révèle le chatoiement, une bande étroite de lumière blanche qui ressemble à l'œil d'un tigre. Les Romains apportaient l'œil-de-tigre au combat, croyant qu'il leur permettrait d'améliorer leur temps de réaction. Vous pouvez aussi avoir envie de vous procurer un ou deux spécimens d'œil-de-faucon, une version bleu minuit de l'œil-de-tigre.

15. Le **péridot**, une gemme née dans le feu, se trouve à la fois dans les roches volcaniques et dans les météorites. Comme il s'agit d'une forme d'olivine, le péridot est toujours vert. On le désigne parfois sous le nom de « chrysolite », ce qui signifie « pierre dorée » en grec.

Depuis des siècles, les gens accordent une grande valeur au péridot. Les Égyptiens y attachaient beaucoup de prix et l'appelaient « la gemme du soleil ». (Certaines des émeraudes de Cléopâtre étaient en fait des péridots.) Les Romains le portaient pour se protéger contre les enchantements. Pline, l'ancien historien, a mentionné qu'un dépôt sur l'île de Saint-Jean, dans la mer Rouge, produisait toujours des gemmes. Durant le Moyen Âge, les gens portaient le péridot pour acquérir la prévoyance et l'inspiration divine. Certains croyaient même que le péridot pouvait écarter le mal et chasser les démons.

16. La **pierre de Lune** incarne toute la magie et tout le mystère associés à la Lune. Le jeu de lumière opalescent qui danse sur la surface blanche laiteuse d'une pierre de Lune est désigné comme l'« adularescence », et certains

croient que les pierres de Lune deviennent plus brillantes ou varient d'intensité selon les phases de la Lune. La pierre de Lune est aussi connue sous le nom de « sélénite », en l'honneur de Séléné, la déesse grecque de la Lune. Chez les Romains, la pierre de Lune était très populaire ; ils croyaient qu'elle était formée par la lumière de la Lune et l'ont employée en bijouterie pendant des siècles. En Inde, la pierre de Lune est toujours considérée comme une pierre sacrée.

17. Le **quartz**. Lorsque vous commencerez à travailler avec des cristaux, vous ne devriez avoir aucun problème à trouver du quartz pour votre collection ; le quartz est en effet le deuxième minéral le plus commun sur la croûte terrestre, après le feldspath.

Dans les temps anciens, les gens croyaient que le cristal de roche était en fait une forme de glace. Les Grecs pensaient au quartz comme à la glace de l'éternité ; le mot « *crystallos* » signifie d'ailleurs « gelé ». Les mystiques lui attribuaient le nom de « pierre philosophale ». Même les savants modernes, qui généralement se réfèrent au quartz comme au dioxyde de silicium, sont impressionnés par ses propriétés physiques et chimiques ; le quartz peut entreposer, envoyer et recevoir de l'énergie, tant physiquement que métaphysiquement.

Le quartz se présente en variétés innombrables. Plusieurs cristaux connus sous d'autres noms sont en vérité du quartz. Il serait tout à fait possible de rassembler une collection considérable de cristaux ne comprenant que du quartz.

Le quartz pur, composé de dioxyde de silicium, est incolore et transparent, mais lorsqu'une minuscule portion d'atomes de silicium est remplacée par du fer, de l'aluminium, du manganèse ou du titane, le cristal peut prendre de magnifiques couleurs. L'améthyste est un quartz violet. Le jaspe est un quartz doté d'une coloration rouge, jaune, brune, grise ou noire. L'onyx et l'agate sont des quartz munis de bandes de couleur. La sanguine est un quartz vert doté de taches rouges.

Si le travail avec les cristaux est nouveau pour vous, commencez par du quartz clair. C'est probablement le cristal le plus versatile. Vous pouvez employer le quartz clair pour tout objectif métaphysique, y compris la méditation, la divination, le travail sur les rêves et la guérison. Dès que vous le pouvez, ajoutez à votre collection du quartz rose, apaisant, et du quartz fumé, purifiant.

Vous trouverez plus d'information sur les types spécifiques de quartz dans le chapitre « Cristaux mystiques ».

18. La **rhodonite** tire son nom de « *rhodon* », le mot grec qui signifie « rose ». C'est une pierre de contrastes, elle est à la fois d'un rose indien, qui représente la passion, et d'un noir riche, profond et ancré. Dans la Russie du XVIIIe siècle, les décorateurs utilisaient la rhodonite partout dans la cour royale. La rhodonite est parfois appelée « pierre du chanteur », et elle est souvent associée au chakra de la gorge.

19. La **sanguine**, aussi connue sous le nom d'« héliotrope » ou de « pierre du guerrier », est associée depuis des siècles à la santé et au bien-être, principalement en raison de sa couleur, un mélange fascinant de taches rouge foncé sur un fond vert jade. À des époques reculées, les soldats transportaient de petits morceaux de sanguine au combat, en guise de talismans, pour éviter les blessures et pour faire cesser le saignement[10]. Plus tard, alors que la chrétienté a envahi le monde, la légende a associé la pierre aux gouttes de sang du Christ qui tombaient lorsqu'il est mort sur la croix. D'après le folklore, le sang des saints réapprovisionnait continuellement la pierre. Une histoire rapporte même qu'un bohémien du XIVe siècle a un jour volé une sanguine de Rome, dans le but de l'offrir à des vampires roumains comme offrande de paix. Il avait apparemment cru la légende voulant que les vampires puissent trouver une source infinie de sang dans la pierre, donc ceux-ci n'auraient plus eu besoin d'attaquer les humains pour survivre.

Il n'est pas surprenant que les guérisseurs métaphysiques aient longtemps utilisé la sanguine pour traiter les maladies du sang et du système circulatoire, pour accélérer la guérison après la chirurgie, pour soulager les crampes menstruelles et pour prévenir les fausses couches.

20. La **sodalite**, la pierre de l'étudiant, est une pierre bleu foncé dotée de bandes blanches. Ses couleurs vives et contrastantes sont propres et rafraîchissantes. La sodalite

10. CUNNINGHAM, Scott. *Cunningham's Encyclopedia of Crystal, Gem & Metal Magic*, St.Paul (Minnesota), Llewellyn, 2004, p. 91.

peut vous aider à vous concentrer, à vous souvenir, à apprendre et à organiser vos connaissances. Certains gardent de la sodalite près de leur ordinateur et de leur téléviseur pour absorber les émissions électromagnétiques.

La chasse au trésor

Collectionner les cristaux

Vous pouvez trouver des cristaux dans les magasins de pierres et de gemmes, dans les boutiques métaphysiques et dans les boutiques de cadeaux. Les cristaux sont si populaires que vous les trouverez aussi dans des librairies, des points de vente au rabais et des pharmacies. Parfois, vous pouvez les dénicher dans les endroits les plus inattendus, comme les supermarchés et les relais routiers.

Il n'est pas nécessaire de vous mettre à chercher partout pour trouver vos cristaux. Si un cristal vous est destiné, vous découvrirez sans doute qu'il se fraiera un chemin jusqu'à votre porte sans votre aide.

Il peut aussi vous arriver de tomber par hasard sur certaines variétés de pierres et de cristaux dans votre cour arrière. Regardez autour de vous ; les cristaux sous forme brute, découverts dans leur environnement naturel, ont un pouvoir inné auquel il est difficile de résister. Vous pourriez même vouloir commencer votre recherche de pierres et de cristaux sur le chemin conduisant à la boutique de pierres de votre région, au lieu de le faire à l'intérieur de cette même boutique.

Acheter intelligemment

Même s'il se peut que vous désiriez utiliser les cristaux pour des objectifs Nouvel Âge, comme la méditation, la guérison et le développement psychique, vous avez aussi quelque chose en commun avec les géologues, les gemmologues, les collectionneurs de pierres et les bijoutiers — ceux qui collectionnent les cristaux comme objets de beauté, de valeur et de fascination scientifique.

Lorsque vous commencez à assembler votre collection de cristaux, vous pouvez emprunter certains de leurs critères pour vous aider à être un consommateur averti. Voici certains termes et concepts que vous devriez connaître lorsque vous êtes en quête de cristaux.

Couleur. Les bijoutiers et les gemmologues disent que, lorsque l'on veut déterminer la valeur d'une gemme, c'est la couleur qui est le facteur le plus important, du moins lorsqu'il est question de bijoux. La plupart des marchands affirment que la couleur compte pour 50 % à 70 % de la valeur d'une pierre.

La couleur constitue aussi une importante considération métaphysique. Les couleurs brillantes et pures sont habituellement les meilleures. Techniquement parlant, les cristaux les plus puissants ne paraissent pas délavés à la lumière brillante du soleil, et ils ne semblent pas trop foncés sous l'éclairage d'une pièce ordinaire. Lorsque vous ferez vos achats, vous devriez prêter attention à l'apparence des cristaux sous différentes conditions lumineuses, incluant la lumière naturelle et la lumière artificielle.

Nuance. Le terme « nuance » fait tout simplement référence à la couleur. L'œil humain peut distinguer 150 nuances, incluant les couleurs de l'arc-en-ciel : rouge, orange, jaune, vert, bleu, indigo et violet.

Ton. La luminosité relative ou l'opacité d'une nuance est connue sous le nom de « ton ». Les gemmologues déterminent le ton en se basant sur une échelle qui va de zéro (incolore) à dix (noir).

Saturation. La saturation fait référence à la pureté d'une couleur. Les cristaux qui contiennent beaucoup de gris ou de brun sont beaucoup moins saturés d'autres couleurs plus brillantes, et cela leur donne une apparence terne. De même, les cristaux qui sont trop clairs sont aussi peu saturés, et ils paraissent délavés. La saturation se mesure sur une échelle qui va de zéro (neutre) à six (vif).

Transparence. La transparence décrit le mode de pénétration de la lumière à travers un cristal. Il existe trois degrés de transparence. Les cristaux *transparents,* comme le quartz clair, sont aussi clairs que la vitre d'une fenêtre. Les cristaux *translucides,* comme l'améthyste, permettent à la lumière de les traverser, mais vous ne pouvez voir les objets à travers eux. Les cristaux *opaques,* comme l'hématite, ne permettent à aucune lumière de les traverser. Vous ne pouvez rien voir à travers un cristal opaque.

Lustre. Le lustre est l'aspect brillant, la façon dont un cristal reflète la lumière. Dans l'ensemble, les termes utilisés pour décrire le lustre s'expliquent d'eux-mêmes : métallique ou non métallique, terne, terreux, fibreux, graisseux, perlé, soyeux et ciré.

Clarté. Peu de cristaux sont parfaitement clairs. La plupart comportent des inclusions, c'est-à-dire des particules de matière étrangère, comme de la terre, de la poussière, d'autres minéraux, ou même des poches d'eau ou d'huile. Les inclusions peuvent vraiment ajouter à l'utilité et à la valeur de la pierre, pour certaines d'entre elles.

Taille. De façon générale, les cristaux se mesurent par leur poids (en carats) ou par leur taille, soit en pouces, soit en millimètres.

- Les gemmes les plus précieuses, surtout celles utilisées dans la fabrication de bijoux, sont pesées en carats. Le mot « carat » dérive du mot « caroube », et il rappelle les jours où les anciens bijoutiers et tailleurs de pierres méditerranéens utilisaient des graines de caroube pour équilibrer leur balance. Un carat est égal à un cinquième de gramme, soit le poids approximatif d'une graine de caroube.
- D'autres spécimens de cristaux sont habituellement mesurés en millimètres. Il s'agit parfois de leur circonférence, parfois de leur diamètre.
- Les cristaux bruts peuvent aussi être vendus à la pièce, au poids, au plat, à la table ou en lot.

Grade. Les systèmes de gradation peuvent varier d'un vendeur à un autre, et ils seraient généralement de la plus grande importance pour les minéralogistes, les gemmologues et les bijoutiers sérieux. Mais vous pourriez voir certains cristaux classés par lettre ou par numéro. En principe, les cristaux cotés « AAA » sont pratiquement parfaits, sans fragments, fractures ou inclusions. Les cristaux classés « AA » sont légèrement imparfaits, et montrent de petites marques, inclusions ou fractures qui n'affectent pas plus de 10 % de la pierre. Les cotes descendent proportionnellement ; les cristaux défectueux, endommagés ou ayant des inclusions peuvent recevoir un classement de niveau « C » ou « D ».

Cristaux améliorés et traités. De nombreux cristaux sont améliorés et traités, à la fois pour embellir leur apparence et assurer qu'ils peuvent être manipulés et utilisés dans la vie quotidienne. Par exemple, certains cristaux peuvent être décolorés. D'autres peuvent être teints ou traités avec de la chaleur ou de la radiation pour modifier leur couleur. Un vendeur de bonne réputation vous dira si un cristal a subi quelque transformation que ce soit.

Taché ou rayé

Le terme « cristal » n'est pas toujours aussi précis ou exact que vous pourriez le croire. Une large variété d'objets s'insèrent librement dans la catégorie des cristaux, et la plupart des boutiques de cristaux offrent une vaste sélection de cristaux qui n'en sont pas vraiment.

Par définition, les cristaux sont des minéraux, des éléments inorganiques, habituellement sous forme solide, qui se forment naturellement. La plupart des minéraux sont composés d'un seul élément chimique, ou d'un mélange de produits chimiques intimement reliés. La plupart des minéraux sont symétriques, ils se développent en motifs géométriques dont les angles sont précis, et ils possèdent une structure cristalline répétitive qui reflète l'arrangement interne de leurs atomes.

Mais, en langage courant, certains « cristaux » sont en fait des pierres, des agrégats, des matériaux organiques ou même des métaux.

Roches. Les roches sont des conglomérats de plusieurs minéraux, produits chimiques et matériaux organiques solides qui proviennent de l'intérieur de la Terre. En d'autres mots, les roches sont un mélange d'éléments fusionnés, ou bien qui ont été cimentés ou liés ensemble. Le granite, le marbre et le lapis-lazuli, par exemple, sont des roches.

Agrégats. Certains cristaux sont aussi des agrégats qui sont formés de milliers de cristaux microscopiques. Les cristaux de calcédoine, qui incluent les agates et les jaspes, sont des agrégats de quartz.

Vous pouvez travailler avec les roches et les agrégats tout aussi facilement qu'avec les cristaux « purs ». Certaines personnes croient que leur pouvoir est moins concentré ou plus dispersé parce qu'ils ne sont pas faits d'une seule sorte de cristal. Mais on peut aussi soutenir que les rassemblements donnent du pouvoir, et que les roches et les agrégats sont un rappel tangible de ce pouvoir, celui d'être ensemble, de travailler en partenariat et de jouer un rôle au sein d'une communauté.

Matériaux organiques. Certains cristaux proviennent de matériaux organiques, comme la perle, le corail et l'ambre. Ils ne tirent pas leur origine des profondeurs de la Terre ; ils proviennent d'êtres vivants qui ont un jour vécu sur la surface de la Terre. On leur donne tout de même le nom de cristaux parce qu'ils partagent plusieurs qualités et caractéristiques de leurs équivalents minéraux : ils sont lisses, symétriques et polis, et ils sont précieux pour leur beauté, leur histoire et leur symbolisme.

Pierres. Les pierres précieuses – ou pierres, en un mot – sont habituellement des cristaux qui peuvent être coupés et polis pour fabriquer des bijoux. Si presque tous les minéraux peuvent être coupés comme les pierres précieuses, les cristaux ne sont en revanche pas tous des pierres précieuses. Pour être considérés comme telles, ils doivent être magnifiques, durables et rares. De plus, toutes les pierres précieuses ne sont pas des cristaux, car certaines ne possèdent pas de structure cristalline définie. Par exemple, l'ambre est de la résine d'arbre fossilisée. Le jais est du charbon compacté, l'obsidienne est du verre volcanique, et les opales sont de la silice hydratée.

Traditionnellement, les pierres précieuses sont divisées en deux catégories : précieuses et semi-précieuses. Mais ces notions ont tellement été utilisées qu'elles ne signifient plus grand-chose. Par exemple, les diamants ont toujours été des pierres précieuses, mais certains diamants sont relativement peu chers, et certaines pierres semi-précieuses sont hors de prix.

Éléments d'attraction

Voici quelques moyens pour trouver les cristaux que vous désirez avoir dans votre collection :

Soyez à l'écoute. Avant de commencer votre recherche ou de vous lancer dans vos achats, détendez-vous. Essayez de libérer votre esprit du désordre.

Si vous cherchez un cristal pour vous aider à régler un problème particulier, pensez-y, ou même notez-le dans votre journal de cristaux avant de quitter la maison. Établissez clairement votre intention, et l'Univers sera plus enclin à vous accorder ce dont vous avez besoin.

Si vous n'avez rien de particulier en tête et que vous aimeriez demeurer ouvert à tous les cristaux qui peuvent vous attendre, contentez-vous de regarder autour de vous et d'être réceptif aux impressions que vous obtenez en tenant les cristaux ou en les examinant.

Signification symbolique. Vous pouvez vous familiariser avec la signification traditionnelle des cristaux et les attributs qui leur sont généralement reconnus, et faire votre choix en conséquence. Ce guide est un bon point de départ ; d'autres livres disponibles sur le marché, comme l'*Encyclopedia of Cristal, Gem & Metal Magic* de Scott Cunningham, peuvent vous fournir des descriptions plus détaillées des pierres populaires.

Attirance physique. Il n'y a rien de mal à choisir des cristaux qui sont remarquablement magnifiques ou qui semblent scintiller, étinceler et luire. C'est en premier lieu en raison de leur beauté physique que la plupart des gens sont attirés par les cristaux. Mais vous devriez savoir que certains de vos cristaux les plus puissants et les plus utiles peuvent de prime abord ne pas vous sembler attirants, du moins pas dans le sens habituel du mot. Les cristaux qui sont ébréchés, brisés, brumeux ou marqués de quelque manière que ce soit possèdent peut-être des propriétés métaphysiques dont vous avez besoin et que vous voulez dans votre collection. Alors, bien qu'il vous soit possible de choisir des cristaux en fonction de leur apparence, souvenez-vous que la vraie beauté dépend aussi de la sensibilité de chacun.

Taille. Peut-être voudrez-vous vous concentrer sur une collection de cristaux d'une certaine taille, ainsi, toute votre collection demeurera uniforme. Vous pourriez vouloir commencer votre collection en choisissant seulement des cristaux qui tiennent dans la paume de votre main ou qui sont assez petits pour que vous puissiez les porter ou les transporter dans votre poche, où que vous alliez. Vous pourriez vouloir installer toute votre collection sur une étagère, une table basse ou le dessus d'une table. Le pouvoir d'un cristal n'est pas lié à sa taille, vous pouvez donc établir les paramètres de votre choix pour votre collection.

Intuition. Il est possible que vous vous sentiez particulièrement attiré par certains cristaux, mais pas par d'autres.

Prêtez attention à votre intuition : avez-vous l'impression que certaines pierres vous appellent ? Lorsque vous vous trouvez dans une boutique, vous sentez-vous poussé à regarder dans une allée particulière, ou vers un coin déterminé de la boutique ? Rendez-vous à cet endroit en premier lieu.

À l'occasion, vous vous sentirez peut-être attiré par un cristal sans en connaître la raison. Si vous pouvez vous offrir le cristal, achetez-le. Il peut faire partie de votre collection pendant des années avant qu'un jour, sa signification devienne soudain évidente, ou que vous éprouviez le besoin de l'offrir à quelqu'un d'autre et preniez conscience que votre rôle consistait simplement à protéger le cristal jusqu'à ce que vous puissiez le livrer à son propriétaire légitime.

Bonnes vibrations. Si vous choisissez des cristaux à partir d'une grande boîte – comme pour les pierres polies –, vous pouvez tout simplement tendre la main, les toucher et choisir la pierre qui procure à votre main la meilleure sensation. Également, si vous êtes en train de choisir un cristal à partir de cristaux étalés devant vous, essayez de frotter vos mains rapidement ensemble pour les réchauffer. Puis, tenez votre main gauche (qui est votre main intuitive, si vous êtes droitier) au-dessus de chaque pierre. (À l'inverse, servez-vous de votre main droite, si vous êtes gaucher.) Lorsque vous trouverez le bon cristal, vous sentirez peut-être une sensation de picotement, une attraction magnétique, une charge électrique ou un changement de température. Vous pourriez aussi tenir un cristal avec vos deux mains, et le pointer vers votre cœur ou le tenir au-dessus du chakra du troisième œil, au milieu de votre front, pour voir si quelque chose vous pousse à l'ajouter à votre collection.

Vous ne sentez aucune vibration ? Exercez-vous d'abord à ressentir votre propre énergie. Frottez rapidement vos mains ensemble. Tenez-les très près l'une de l'autre, les paumes se faisant face, et, ensuite, éloignez-les. Essayez de rapprocher vos mains l'une de l'autre et de les éloigner ensuite, jusqu'à ce que vous puissiez sentir l'énergie entre elles.

Radiesthésie avec pendule. Peut-être aimeriez-vous faire de la radiesthésie pour trouver votre prochain cristal. Servez-vous d'un petit pendule — offert dans n'importe quelle boutique Nouvel Âge — suspendu à partir d'une chaîne. Servez-vous de votre pouce et de votre index pour tenir la chaîne.

Tout d'abord, déterminez comment vous interpréterez les mouvements de votre pendule. Demandez au pendule de vous montrer le « oui ». Il oscillera probablement selon un mouvement défini, d'un côté à l'autre, par exemple, ou d'arrière en avant. Puis, demandez au pendule de vous montrer le « non ». Vous devriez être capable de voir une différence entre les mouvements.

Une fois que vous vous sentez à l'aise avec le fonctionnement de votre pendule, tenez-le au-dessus de tout cristal que vous envisagez de vous procurer et demandez-lui si vous devez l'acheter.

Attendez que les cristaux viennent à vous. Lorsque vous commencerez votre travail avec les cristaux, faites connaître aux autres votre nouvel intérêt. Quand vos amis et les membres de votre famille apprendront que vous vous intéressez aux cristaux, vous pourriez vous retrouver avec plus de cristaux, de pierres et de pierres précieuses que vous aviez envisagé d'acheter. Les cristaux utilisés pour des objectifs métaphysiques ont aussi tendance à être transmis à quiconque en a besoin. Ils circulent d'un ami à un autre, et voyagent où ils sont les plus utiles. En fin de compte, étant donné que tous les cristaux sont anciens, ils ne s'arrêtent que brièvement dans la vie de chaque individu.

Le fond de l'histoire

Les origines des cristaux, des roches et des pierres

Il y a plus de cinq milliards d'années, une étoile a explosé dans une supernova enflammée, et notre système solaire est né.

L'énorme explosion initiale a régurgité une quantité presque inimaginable de débris dans un nuage d'hydrogène et de poussière interstellaire qui se trouvait dans les environs. Les débris cosmiques se sont mis à tournoyer, et, au centre, une nouvelle étoile — notre Soleil — a commencé à se former.

Autour de ce Soleil naissant, les matériaux formant un disque tourbillonnant ont aussi commencé à entrer en collision les uns avec les autres et à se regrouper ; des morceaux de fer, de silicium, de magnésium, d'aluminium et d'oxygène se sont heurtés et se sont combinés. Au fil de quelques millions d'années, les collisions ont produit des corps de plus en plus larges dans l'espace. Plus ils étaient gros, plus les collisions étaient fortes. En entrant en collision, ils explosaient, et leurs composantes se séparaient et s'organisaient. À mesure que le fer, dense, se positionnait au centre et que les pierres, plus légères, se séparaient en un rideau autour du centre de fer, les planètes que nous connaissons et identifions aujourd'hui ont pris forme.

Puis, soudain, le Soleil s'est enflammé. La force de cette explosion a expulsé l'hydrogène dans le nuage, et seules les planètes sont demeurées.

À ce moment-là, la Terre était un océan de roches en fusion. Lorsque les collisions ont ralenti, notre planète a commencé à se refroidir. Sa surface est devenue une écorce, mais, à l'intérieur, en son centre, le magma en fusion a continué à chauffer et à bouillonner. Périodiquement, de la vapeur d'eau s'échappait de l'écorce et se condensait dans l'atmosphère terrestre. Des nuages se sont formés. La pluie est tombée et a nourri les océans primitifs.

Et les cristaux ont pris forme.

En fait, quand vous tenez un cristal dans votre main, il pourrait très bien s'agir d'un objet aussi âgé que l'Univers lui-même.

Ce grand âge attire à lui seul beaucoup de gens vers les cristaux, car cette notion rend leur observation fascinante. Ils étaient ici des éternités avant l'humanité, et ils dureront beaucoup plus longtemps que n'importe lequel d'entre nous. En fait, les pierres les plus anciennes trouvées sur Terre ont presque quatre milliards d'années.

La Terre elle-même peut être considérée comme une pierre géante. Comme vous l'avez probablement appris à l'école primaire, son centre est entouré de roche liquide pure, du magma en fusion, d'une épaisseur de 3000 kilomètres.

La plupart des cristaux surgissent du centre de la Terre, qui est entouré d'une écorce d'énormes plaques dont l'épaisseur varie de cinq à quarante kilomètres. La plus grande partie de l'écorce est recouverte par l'eau des océans. Nous vivons donc sur d'énormes îles continentales de granite flottant sur le manteau de la Terre.

C'est une chevauchée qui peut être mouvementée. Alors que le magma du centre de la Terre remue et bouillonne, les plaques continentales se déplacent, se frottent et à l'occasion s'écrasent les unes contre les autres. Au cours de ce processus, des volcans entrent en éruption dans certaines régions du monde, pendant que des séismes font trembler d'autres régions. Certaines parties de la Terre sont repoussées vers l'intérieur, vers le centre de la Terre, alors que d'autres s'élèvent sous forme de rangées de montagnes et de vastes plaines de lave.

En même temps que l'écorce terrestre se déplace, elle se fracture et crée des fissures et des cavités. Des liquides riches en produits chimiques circulent à travers les nouveaux espaces créés. Soudain, les conditions nécessaires pour la création de cristaux se réunissent : des composantes chimiques, piégées sous haute pression et disposant de temps pour se transformer.

Il y a formation de cristaux quand les produits chimiques, la chaleur, la pression, le temps et l'espace se combinent dans des proportions précises. Les cristaux se figent quand les liquides refroidissent ou gèlent pour former des solides, lorsque la matière dissoute se précipite en une solution ou encore lorsque les gaz se condensent. La nature exacte des cristaux qui se forment dépend du mélange chimique en jeu, de même que du temps, de la température et de la pression.

Certains cristaux, comme les diamants, les émeraudes et les rubis, se forment dans les profondeurs de l'écorce terrestre, lorsque la roche en fusion refroidit lentement sur de longues périodes de temps. Certains cristaux se développent à l'intérieur de bulles de gaz, une fois que le magma a atteint la surface. D'autres se forment alors que l'eau et d'autres liquides s'évaporent. Mais le simple fait d'avoir de la roche en fusion ne garantit pas la formation de cristaux. Si la pierre en fusion refroidit trop rapidement — comme lorsque la lave est éjectée d'un volcan —, les cristaux n'auront pas le temps de se former. Et si certaines des conditions ne sont tout simplement pas parfaites, certains éléments chimiques se contenteront de refroidir en formant des agrégats de petits cristaux qui s'emboîtent.

Même lorsque tous les éléments nécessaires sont réunis pour la création de cristaux, des fissures et des ouvertures situées dans les profondeurs de l'écorce terrestre peuvent se refermer, empêchant ainsi certains cristaux d'avoir accès à leur source d'éléments nutritionnels chimiques. Ils cessent alors de se développer. De plus, à mesure que l'écorce terrestre se déplace, les cristaux peuvent se briser. De nouveaux éléments peuvent être introduits dans le mélange, et cela peut affecter la composition chimique, la couleur et les motifs de croissance d'un cristal. Parfois, des impuretés chimiques se cristallisent à l'intérieur d'un hôte, ou des cavités de gaz peuvent être incorporées à l'intérieur d'un cristal.

En fin de compte, la création des cristaux peut se faire de trois façons :

- **Les roches ignées et les cristaux** se forment dans les profondeurs de l'écorce terrestre, lorsque le magma brûlant refroidit. Il peut refroidir sous la surface de la Terre, ou être craché par un volcan et refroidir à la surface. Les roches ignées qui ont refroidi lentement sont habituellement constituées de larges veines de minéraux, chaque veine dispose ainsi de plus de temps pour se développer. Les roches ignées qui ont refroidi rapidement sont plus fines et ont une apparence plus délicate.

- **Les roches métamorphiques et les cristaux** se forment quand la terre se déforme et se déplace, ce qui expose certains cristaux à une pression intense ou à des températures élevées. Certains cristaux fondent lorsqu'ils sont exposés à la chaleur ou entrent en contact direct avec le magma chaud qui s'est frayé un chemin à travers les fissures. Certains minéraux peuvent aussi être transformés en d'autres minéraux sans même fondre d'abord. Ils peuvent subir une transformation chimique causée par la chaleur et la pression, ou venir en contact avec des solutions chimiques qui migrent à travers les pierres. Ils peuvent même être combinés avec d'autres minéraux s'ils se trouvent pressés au même endroit au même moment.

- **Les roches sédimentaires et les cristaux** se forment lorsque les minéraux se cristallisent à partir de couches de sédiment dans des solutions à basse température. Ce sédiment provient généralement de roches ignées usées par les rivières et les ruisseaux. Petit à petit, les eaux qui circulent transportent ces pierres et ces cristaux au loin et les entraînent dans des lacs, des océans ou des mers. Avec le temps, ces fragments se déposent en couches, où ils durcissent pour devenir de la roche.

Le cycle peut être répétitif ; les pierres sédimentaires peuvent être transformées en pierres métamorphiques, ou elles peuvent se fragmenter durant des tremblements de terre, tomber à nouveau vers le centre de la Terre, et se fondre une fois de plus dans le magma. Les cristaux se forment à partir du magma qui refroidit. Avec le temps, la chaleur et la pression, ils subissent une métamorphose. Une fois exposés aux éléments, ils peuvent se détacher ou être usés et lavés en dépôts sédimentaires… où, encore une fois, ils pourront renaître au centre de la Terre.

Comment se développent les cristaux de quartz

Parce que le quartz est le cristal le plus commun sur Terre et que c'est le pilier de plusieurs collections de cristaux, il est particulièrement intéressant de noter le mode de formation de ces cristaux.

Le quartz est fait de silicium et d'oxygène, les deux éléments chimiques les plus courants de l'écorce terrestre.

Vous pouvez trouver du quartz dans des roches ignées, métamorphiques et sédimentaires. Le quartz fait partie intégrante du granite et du grès, et la plupart des grains de sable sont en fait des fragments de quartz érodés. Il ne se limite pas non plus strictement à la surface de la Terre ; les savants ont découvert du quartz dans des météorites et dans des pierres provenant de la Lune.

La plupart des cristaux de quartz se forment à partir d'une solution de dioxyde de silicium chaude, vaporeuse et supersaturée. Alors que les liquides et les gaz chauds contenus à l'intérieur de la Terre commencent à refroidir, ils commencent aussi à se condenser. À mesure qu'ils passent d'une existence éthérée à une existence solide, quelques cellules s'isolent et préparent le terrain pour tout ce qui reste à venir. Une simple molécule composée de quatre atomes d'oxygène et d'un atome de silicium devient une matrice, c'est-à-dire une base ou d'une fondation rocheuse, comme le granite ou le grès. À mesure que le temps passe, d'autres atomes se regroupent, et d'autres molécules adhèrent à cette base. Des millions d'atomes se relient dans un réseau ou motif appelé « lattice », et les cristaux de quartz continuent de se développer, couche après couche, en un solide à six faces en forme de spirale, qui reflète la structure hexagonale des molécules elles-mêmes.

Cristaux

Les fleurs du royaume des minéraux

Lorsque vous tenez un cristal parfait, vous pouvez littéralement voir sa structure atomique. Mais les cristaux parfaits — tout comme les gens parfaits — sont rares.

Les cristaux se cristallisent habituellement sous l'une de ces sept formes géométriques : le triangle, le carré, le rectangle, l'hexagone, le rhomboïde, le parallélogramme ou le trapèze.

- **Triangles**. Les cristaux qui ont trois faces parfaites sont des cristaux *trigonaux.*
- **Carrés**. Les cristaux qui ont quatre faces égales, comme un cube, sont des cristaux *isométriques.*
- **Rectangles**. Les cristaux formés comme de longs rectangles sont des cristaux *quadratiques.*
- **Hexagones**. Les cristaux qui ont six faces sont des cristaux *hexagonaux.*
- **Rhomboïdes**. Les cristaux sous forme de rectangles courts et larges sont des cristaux *orthorhombiques.*

- **Parallélogrammes**. Les cristaux courts et trapus qui ont des faces inclinées à chaque extrémité sont des cristaux *monocliniques*.
- **Trapèzes**. Les cristaux qui ressemblent à des pyramides aux sommets coupés sont des trapèzes.

Ne jugez pas un cristal par son apparence

Vous ne pouvez pas toujours dire quelle sorte de cristal vous tenez dans votre main seulement d'après son apparence. Les minéralogistes qui veulent identifier un cristal doivent généralement tester un certain nombre de propriétés physiques, incluant la couleur, la rayure, la transparence, le lustre, la dureté, le clivage, la fracture, la densité et la forme cristalline.

Couleur. La couleur peut être la propriété la plus évidente d'un cristal, mais c'est un outil peu fiable pour déterminer le type de cristal que vous êtes en train de regarder. Certains minéraux sont toujours de la même couleur, mais n'y comptez pas. Il suffit d'une minuscule quantité d'un autre minéral pour complètement changer la couleur. Par exemple, le quartz se présente dans toutes les nuances.

Rayure. Si vous frottez fermement un cristal contre un carreau de porcelaine non verni, cela laissera une rayure, une ligne poudreuse. Chaque type de cristal laissera toujours la même rayure, même si les spécimens individuels comportent des impuretés.

Dureté. En 1812, un minéralogiste allemand du nom de Friedrich Mohs a conçu l'échelle Mohs de dureté des minéraux. Cette échelle est maintenant la mesure universelle de la dureté minérale : le talc est le minéral le plus doux, suivi par le gypse, le calcite, la fluorite, l'apatite, le feldspath, le quartz, la topaze, le corindon et le diamant.

Clivage. Si vous frappiez sur l'échantillon d'un minéral avec un marteau, il se briserait le long du plan le plus faible de sa structure cristalline, c'est-à-dire ses clivages. Certains minéraux se brisent dans une direction, alors que d'autres se brisent dans deux directions ou plus. Certains minéraux se fendent parfaitement dans une direction et moins dans une autre. Le clivage peut être un indice important de l'identité d'un cristal.

Fracture. Tous les minéraux ne se fendent pas facilement. Certains se fracturent, plutôt. Contrairement aux clivages, qui sont habituellement des brisures propres et plates, les fractures peuvent être doucement courbées, irrégulières, inégales, dentelées ou en éclats.

Densité. Elle se calcule en comparant le poids d'un cristal au poids d'un volume d'eau égal. Les minéraux les plus lourds ont une plus grande densité.

La science et la superstition

Comment fonctionnent les cristaux

Pendant des siècles, les gens ont utilisé les cristaux tant dans des buts pratiques – à partir du silex, pour allumer un feu, jusqu'aux briquets au butane – que dans des entreprises métaphysiques comme la guérison, la méditation et la communication psychique. Malgré tous les progrès de notre civilisation, notre quête d'épanouissement spirituel est aussi primordiale que jamais.

Comment est-il possible que les cristaux occupent une si grande partie de nos vies ordinaires et s'élèvent pourtant sur le plan de l'extraordinaire ? Comment se peut-il que quelque chose que nous tenons systématiquement pour acquis nous donne aussi la possibilité d'atteindre de nouveaux plans de conscience ? En quoi consiste vraiment le fonctionnement des cristaux ?

Pour comprendre la métaphysique derrière la physique, il n'y a certes pas de mal à effectuer un bref survol de la science et du symbolisme associés aux cristaux.

Propriétés scientifiques

Les cristaux sont dotés de plusieurs propriétés physiques constantes et prévisibles, et la plupart des gens qui les utilisent pour le travail spirituel croient que ces propriétés scientifiques ont aussi une contrepartie symbolique dans l'univers métaphysique.

- Les cristaux sont *piézoélectriques.* En d'autres mots, quand les cristaux sont pressés, ils génèrent de l'électricité et, lorsque l'électricité les traverse, ils changent de forme.
- Les cristaux sont aussi *pyroélectriques,* ce qui signifie qu'ils produisent de l'électricité en raison d'un changement de température.
- Et les cristaux ont une *résonance,* ce qui signifie qu'ils vibrent en réaction aux autres fréquences qui les entourent.

Depuis une centaine d'années, les cristaux ont joué un rôle majeur dans le développement des technologies liées aux mondes du spectacle et de la communication. Étant donné qu'ils peuvent transformer les vibrations électriques en ondes sonores et en signaux de diffusion, les cristaux faisaient partie intégrante des premiers enregistrements sonores, de même que de la radiodiffusion ou de la télédiffusion. Et, puisque les cristaux vibrent à un rythme précis, ils sont aussi devenus un élément essentiel pour marquer le passage du temps avec précision, non seulement dans les horloges et les montres à quartz, comme vous pouvez vous y attendre, mais aussi dans les émetteurs et récepteurs radio, ainsi que les ordinateurs.

En fait, les propriétés scientifiques des cristaux ont contribué au développement des dispositifs de haute technologie d'aujourd'hui, comme le sonar, les rayons laser et les microscopes à force atomique. Ce n'est pas une coïncidence si les cristaux de quartz sont composés de dioxyde de silicium et que le site de production informatique le plus célèbre est connu sous le nom de « Silicon Valley ».

Cela dit, les cristaux peuvent exécuter un grand nombre de fonctions, tant dans le monde physique que spirituel.

- Les cristaux peuvent recevoir de l'énergie.
- Les cristaux peuvent entreposer de l'énergie.
- Les cristaux peuvent libérer de l'énergie.
- Les cristaux peuvent refléter, réfracter et amplifier de l'énergie.
- Les cristaux peuvent transformer de l'énergie.
- Les cristaux peuvent équilibrer et harmoniser de l'énergie.
- Les cristaux peuvent organiser l'énergie.
- Les cristaux peuvent capter de l'énergie provenant d'autres sources.
- Les cristaux nous permettent d'observer et de percevoir cette énergie.

- Les cristaux peuvent amplifier, concentrer et rediriger l'énergie.
- Les cristaux peuvent être employés comme dispositifs de communication, puisque leurs modèles énergétiques peuvent servir dans la transmission de signaux.
- Les cristaux peuvent être utilisés pour enregistrer le passage du temps et des événements.

Il n'existe pratiquement aucune limite aux propriétés scientifiques et aux usages des cristaux.

Pour vraiment comprendre certaines des propriétés scientifiques d'un cristal – et leurs utilisations métaphysiques correspondantes –, imaginez un téléphone utilisant une ligne terrestre à l'ancienne. Lorsque vous parlez, le son de votre voix fait vibrer un cristal. Cette vibration génère un modèle électrique dans le cristal. Essentiellement, le son est converti en électricité. À l'autre extrémité de la ligne, le modèle électrique de votre voix est reçu par un autre cristal, qui génère une réplique du son de votre voix.

Les signaux radio et ceux de la télévision traditionnelle étaient, dans les grandes lignes, transmis de la même façon à travers l'air. Un cristal peut générer des signaux à partir d'un emplacement, pour les transmettre à d'autres cristaux dans d'autres stations de réception.

Vous pouvez littéralement insérer un signal électrique dans un cristal. Vous pouvez programmer les cristaux pour qu'ils reçoivent de l'information, la convertissent en électricité, transmettent cette électricité, pour ensuite dupliquer l'information dans un autre emplacement. Peu importe ce que vous y insérez, la même chose ressortira à l'autre bout.

Vous en venez à vous demander : si vous pouvez programmer un cristal pour parler à votre frère à Boise, pourquoi ne pourriez-vous pas programmer un cristal pour communiquer avec votre grand-mère dans l'Au-delà ? Si les cristaux peuvent tant faire pour la science et la technologie, pourquoi ne seraient-ils pas également efficaces dans le monde métaphysique ?

Physique quantique

Si certains scientifiques rejettent catégoriquement l'idée d'un usage métaphysique des cristaux, considérant cela comme une pseudo-science, les deux points de vue ne sont peut-être pas aussi éloignés que vous le croyez. En fait, tant la physique que la métaphysique peuvent s'insérer confortablement sous le parapluie de la physique quantique.

Voyons les choses sous cet angle : d'un côté, nous avons la métaphysique. Depuis des milliers d'années, les spiritualistes, les mystiques et les chercheurs ont enseigné que notre monde éveillé n'était qu'une illusion, alors que la réalité se trouvait quelque part ailleurs, loin de l'effervescence de l'existence physique. Le monde que nous connaissons, disent-ils, est à peine une ombre ou un reflet du monde véritable. Même de nos jours, l'idée que la réalité spirituelle est d'une certaine manière séparée de la réalité matérielle constitue le pilier de plusieurs systèmes métaphysiques.

D'un autre côté, il y a la science moderne. En 1514, Nicolas Copernic a placé le Soleil – et non la Terre – au centre de l'Univers. Bientôt, la science a remplacé la superstition, et les penseurs occidentaux ont commencé à fonder toutes leurs études sur l'hypothèse que le monde naturel est un lieu tout à fait logique et objectif. Dans notre monde de physique newtonienne et d'évolution darwinienne, la vie se déroule, un événement après l'autre, dans une progression linéaire inéluctable de causes et d'effets. Chaque occurrence – même celles que nous ne pouvons expliquer – se conforme d'une certaine manière aux lois de la nature.

Maintenant, grâce à l'étude de la physique quantique, il semble que les deux écoles de pensée pourraient avoir raison ; même d'après les lois de la nature, un monde subjectif et un monde objectif peuvent coexister.

Les cristaux nous offrent une fenêtre sur cette double réalité.

Alors que les cristaux semblent solides, les physiciens modernes ont démontré que les objets physiques sont formés d'énergie, et non de matière. Les cristaux sont des unités d'énergie hautement structurées. Sur un plan quantique, les cristaux, comme n'importe quoi d'autre, sont en perpétuel mouvement, dansant au rythme des vibrations de l'Univers.

Les lois de la nature sont imprimées dans les motifs et la structure d'un cristal. Les cristaux sont composés d'éléments. Chaque élément possède toujours le même nombre de protons et d'électrons. Le mode d'organisation de ces éléments aux niveaux moléculaire et atomique détermine la forme que prendra chaque cristal. En d'autres mots, la structure au niveau quantique détermine la nature de la réalité qui apparaîtra.

La structure d'un cristal affecte aussi sa capacité de transmettre et de recevoir de l'énergie sous forme d'électrons et de protons, ou d'ondes électromagnétiques. Malheureusement, cette question s'est avérée être un casse-tête pour la science moderne, car, lorsque les physiciens commencent à étudier les cristaux à un niveau quantique, des révélations bizarres sont produites.

En premier lieu, les savants ont découvert qu'un signal voyage entre deux cristaux à la vitesse de la lumière. Même si la vitesse de la lumière est rapide, la transmission du signal n'est pas instantanée. En théorie, les savants devraient pouvoir localiser avec précision l'emplacement des électrons et des protons au moment où ils passent d'un cristal à un autre.

Mais en pratique, au niveau quantique, les électrons et les protons semblent voyager *plus rapidement* que la vitesse de la lumière. Ils ne voyagent pas dans le sens où l'entendent les scientifiques. Au lieu de cela, ils incarnent une certaine intemporalité, et ils semblent se retrouver partout à la fois.

Cela signifie que, parfois, il n'existe pas de point de départ établi pour la transmission de l'énergie, et qu'il n'existe pas de milieu ou de point final non plus. Lorsque les savants étudient la communication entre deux cristaux, tout ce qu'ils peuvent établir, c'est qu'il existe un certain échange d'énergie entre les deux. À ce stade, les savants ont beaucoup de mal à discerner la différence entre le cristal transmetteur et le cristal receveur.

Logiquement, cela n'a pas de sens, surtout si vous êtes habitué à penser sur un plan de temps linéaire, avec un commencement, un milieu et une fin de transmission. Le problème est aggravé par le fait que le receveur semble affecter le transmetteur, même avant le début de la communication.

En fin de compte, c'est le véritable problème. Apparemment, le temps n'est pas linéaire, du moins, pas sur un plan quantique. Au lieu de cela, le temps tel que nous le percevons n'a rien à voir avec une propriété physique. Certains peuvent même conclure que le temps est tout simplement une astuce de l'esprit.

C'est une bonne astuce ; notre compréhension du temps nous aide à donner un sens au monde. Nos idées sur le temps nous donnent des notions de cause et d'effet, et ainsi nous pouvons distinguer les connexions et étudier leurs modèles. Malheureusement, notre conscience du temps peut aussi nous empêcher de saisir la profondeur et l'étendue de l'Univers comme un tout.

D'après la physique quantique, alors que nous croyons que nous voyons la réalité en train de se dérouler, nous n'observons en fait qu'une version de la réalité – une série d'instantanés, en fait –, isolée d'un nombre infini d'autres possibilités qui continuent à suivre leur cours dans le reste de l'Univers.

Il est vrai que deux cristaux qui émettent et reçoivent de l'énergie sont connectés dans une structure linéaire. Un cristal émet vraiment de l'information alors qu'un autre la reçoit. Mais cette connexion n'est peut-être pas la seule entre les deux cristaux. D'après la théorie quantique, il existe d'innombrables connexions entre ces cristaux et tout ce qui existe dans l'Univers. Ces innombrables connexions se croisent et s'entrecroisent en même temps qu'elles effectuent des spirales et se faufilent à travers l'Univers. Bien qu'elles aient un effet sur la réalité que nous pouvons voir, nous ne pouvons tout simplement pas les observer sans aussi les isoler.

En fin de compte, il est possible que l'étude de la physique quantique puisse servir à expliquer bien plus que la manière par laquelle les cristaux peuvent émettre et recevoir de l'information dans le monde physique. Si le temps n'est en réalité qu'une question de perspective et que toutes les choses sont connectées à un niveau subatomique, alors la physique quantique peut aussi expliquer comment les phénomènes psychiques s'inscrivent dans le portrait global. La physique quantique pourrait expliquer comment les cristaux sont en mesure d'entreposer ou de réfléchir de l'information métaphysique comme les pensées, les sentiments et les souvenirs – exactement ce que vous vous attendriez à voir si vous fixiez une boule de cristal –, et la physique quantique pourrait aussi expliquer le mode de fonctionnement de champs connexes comme l'astrologie, le tarot et les runes.

Intégrité structurale

Vous n'êtes pas obligé de maîtriser le génie électrique ou la physique quantique pour comprendre comment les cristaux peuvent avoir un effet sur les humains. Il vous suffit de baisser les yeux vers vos bras et vos jambes.

Les gens ont beaucoup en commun avec les cristaux. Vous pourriez même dire que les êtres humains sont des cristaux receveurs et des récepteurs radiophoniques qui marchent et parlent, sensibles non seulement les uns aux autres, mais aussi à l'énergie du monde physique qui nous entoure.

Alors que les cristaux sont composés d'atomes, liés ensemble dans un modèle en spirale parfaitement symétrique, nous, les humains, disposons de notre propre structure cristalline. À partir de la double hélice en spirale de notre ADN jusqu'à la conception extrêmement organisée et symétrique de nos os, de nos muscles et de notre peau, nous pourrions en fait penser que nous sommes des cristaux vivants et qui respirent.

Nous partageons même deux composantes essentielles avec les cristaux : le silicium et l'oxygène, les deux éléments constitutifs les plus communs de l'écorce terrestre. Notre ADN est formé comme un treillis en spirale, tout comme un cristal. Et puisque nous sommes composés d'atomes, lesquels sont en grande partie des particules se déplaçant de façon physique et ondulatoire, nous faisons vraiment vibrer des ondes de lumière et d'énergie.

Tout comme les cristaux, notre corps a la capacité de rassembler, d'entreposer et de libérer de l'énergie. De plus, nous reflétons, réfractons et amplifions cette énergie. Nous pouvons équilibrer et harmoniser de l'énergie à l'intérieur de nous. Nous pouvons capter de l'énergie d'autres sources; amplifier, concentrer et rediriger cette énergie; et nous pouvons réussir de remarquables transformations, même si nous n'agissons pas toujours de façon prévisible et scientifique.

Le pouvoir de l'intention

Il est bien possible que vous n'ayez pas cette impression quand vous êtes coincé dans un embouteillage ou quand vos voisins commencent à tondre leur pelouse à sept heures du matin, mais, en fait, nous sommes tous des êtres spirituels dans une forme physique. Il est possible que les cristaux fonctionnent simplement parce qu'ils nous rappellent notre place unique dans l'Univers et parce qu'ils nous aident à équilibrer les royaumes spirituel et matériel de notre existence.

Les cristaux sont peut-être les êtres physiques ultimes. Ils sont plus structurés, plus systématiques et plus logiquement organisés que pratiquement tout autre objet dans le monde naturel. Et pourtant, ils semblent refléter une existence spirituelle. Ils ressemblent littéralement à un esprit dans une forme physique. Quand vous tenez un cristal, il n'est pas difficile d'imaginer que la lumière et l'énergie des cieux se sont en quelque sorte matérialisées dans la paume de votre main.

Les cristaux donnent forme à notre imagination. Ils réfléchissent la forme de nos propres pensées et nous rappellent que l'existence physique peut être magnifique.

Sur un plan très fondamental, un cristal peut être une manifestation physique de vos espoirs, rêves et désirs les plus sincères, et il peut servir de rappel tangible de vos objectifs et idéaux les plus élevés.

Les éléments

Les Grecs de l'Antiquité croyaient que le monde était composé de quatre éléments : la terre, l'eau, l'air et le feu. Partout où ils regardaient, ils reconnaissaient ces éléments : dans le monde naturel, dans le monde philosophique et dans leurs propres vies physique et spirituelle.

Depuis que les Grecs de l'Antiquité ont développé leur vision du monde, les penseurs métaphysiques en sont venus à associer les quatre éléments aux quatre aspects de la vie humaine : la passion ardente des préoccupations spirituelles, l'univers fluide et aqueux des affaires émotionnelles, la conscience aérienne atmosphérique de la vie intellectuelle et les réalités terrestres de l'existence physique.

Les cristaux incarnent l'ensemble des quatre éléments en même temps. Ils sont nés de la terre et du feu, mais leur beauté ne fait surface que lorsqu'ils sont exposés à l'air et qu'ils réfléchissent et transforment la lumière qui les entoure. Et, comme vous le savez sans doute, leur nom même reflète leur connexion à l'eau : « *crystallos* » est le mot grec pour « gelé ».

Géométrie sacrée

Certains s'attachent aux cristaux parce qu'ils leur rappellent que l'Univers est un lieu ordonné, conçu et dirigé par un créateur intelligent.

Euclide, l'ancien mathématicien grec maintenant considéré comme le père de la géométrie, a écrit un jour : « Les lois de la nature ne sont que les pensées mathématiques de Dieu. »

Les cristaux se développent toujours d'après un modèle ordonné et systématique. En fait, toute la nature fonctionne selon des formules mathématiques strictes. Lorsque les savants et les philosophes étudient ces formules jusqu'à leurs conclusions ultimes, ils se retrouvent dans le royaume de la géométrie sacrée — une branche de la pensée dans laquelle les mathématiques commencent à ressembler au langage divin. Les cristaux ont longtemps servi de preuve dans le domaine sacré de la géométrie, et ils servent aussi de modèles pour des découvertes d'un niveau plus élevé et plus raffiné.

Il y a longtemps, dans la Grèce antique, toute une école d'apprentissage avait été consacrée à l'étude et à la compréhension de cinq formes simples : les solides de Platon. Aujourd'hui, ces formes demeurent inégalées comme modèles de la pensée supérieure.

À première vue, les solides de Platon paraissent simples, même ordinaires. C'est probablement parce que nous les rencontrons partout, tant dans la nature que dans les objets fabriqués de la main de l'homme. Dans les faits, les solides de Platon ne sont que de simples triangles et carrés, mais chacun est un indice pour comprendre le monde naturel. Chacun — coïncidence assez remarquable — apparaît dans la structure physique des cristaux.

- Le **tétraèdre**, ou pyramide triangulaire, comporte quatre faces. Chaque face est un triangle équilatéral parfait.

- L'**hexaèdre**, ou cube, comporte six faces. Chaque face est un carré parfait.

- L'**octaèdre** comporte huit faces. Chaque face est un triangle équilatéral parfait.
- Le **dodécaèdre** comporte douze faces. Chaque face est un pentagone parfait à cinq côtés.
- L'**icosaèdre** comporte vingt faces. Chaque face est un triangle équilatéral parfait.

Sur le plan géométrique, les cinq solides de Platon sont intrigants à regarder, et il est amusant d'y penser.

- Chacun a la même forme sur toutes ses faces.
- Chaque arête est exactement de la même longueur.
- Chaque angle sur chaque facette est identique.
- Chaque solide de Platon s'adapte parfaitement à l'intérieur d'une sphère, et tous leurs coins extérieurs toucheront l'intérieur de la sphère.

Les Grecs de l'Antiquité étaient fascinés par les solides de Platon. Ils avaient même supposé que les cinq polyèdres constituaient les formes fondamentales de l'Univers physique. Plus encore, ils ont déterminé que ces formes solides symbolisaient la terre, l'eau, le feu, l'air et l'esprit – les composantes non seulement du monde, mais aussi de l'expérience humaine.

Symbolisme, synchronicité et inconscient collectif

Les cristaux ont été utilisés depuis tant d'années, par tant de gens, qu'il existe un corpus important d'histoire, d'associations légendaires et de symbolisme associé à la plupart des cristaux.

Tout le monde sait, par exemple, que les diamants symbolisent l'amour éternel. Les rubis rouges et les grenats sont des symboles de passion. Depuis des siècles, les navigateurs et les voyageurs ont transporté des aigues-marines bleu océan pour s'assurer des voyages sécuritaires et rapides.

Il se peut que, lorsque vous accédez au pouvoir des cristaux, vous accédiez aussi au pouvoir des mythes et des légendes qui y sont associés.

Vous n'avez même pas besoin d'être conscient de ces mythes et de ces légendes pour ressentir leur effet dans votre vie. Si vous croyez en la synchronicité, la théorie de Carl Jung portant sur les coïncidences significatives, vous pouvez vous retrouver avec le bon cristal juste au bon moment, sans être conscient de sa signification symbolique.

La vie est remplie de rebondissements surprenants du destin ; par exemple, vous pensez à un ami depuis longtemps perdu, et vous finissez par le rencontrer dans la rue le jour suivant. Peut-être avez-vous une folle envie de rôti de bœuf, et vous découvrez que c'est exactement le plat du jour à votre restaurant préféré. Votre vol peut être annulé à la dernière minute, mais dans l'avion suivant, vous vous retrouvez assis près de la femme qui, un jour, deviendra votre épouse.

Le célèbre psychiatre Carl Jung a développé la théorie de la synchronicité pour expliquer toutes ces coïncidences significatives. Jung croyait que certaines rencontres, apparemment fortuites – comme trouver le bon cristal au bon moment –, n'avaient en fait rien de fortuit. Au lieu de cela, il prétendait que c'était le signe d'un pouvoir supérieur à l'œuvre et d'un design intelligent de l'Univers.

Jung a suggéré que nous faisons tous partie de ce design, avec la capacité d'accéder à l'inconscient collectif pour rechercher de l'information et des conseils dans notre vie quotidienne. L'inconscient collectif, expliquait-il, est le lien d'émotions et de compréhensions partagées qui unit tous les gens sur un plan psychique. L'inconscient collectif sert aussi de récipient pour les mythes, l'histoire et les associations légendaires que nous partageons et qui nous aident à comprendre l'Univers, tant sur le plan individuel que sociétal.

Si c'est le cas, vous avez déjà accès aux mythes et aux légendes associés à chaque type de cristal. Mais si vous voulez y accéder plus rapidement, vous pouvez aussi vous tourner vers les listes contenues dans ce livre.

La magie du monde invisible : les esprits de la nature

Une charmante explication du pouvoir des cristaux vient de l'univers de la fable et du mythe, où d'invisibles esprits de la nature connus sous le nom de « *devas* » manipulent les événements derrière la scène.

Les devas sont des êtres spirituels éthériques, et chacun est associé à l'un des quatre éléments : la terre, l'air, le feu ou l'eau. Les éléments de terre sont aussi connus comme les gnomes, et cette catégorie peut inclure les elfes et les lutins. Les éléments d'air sont appelés « sylphides », et ils incluent les fées et les chérubins. Les éléments de feu sont les salamandres, des créatures enflammées qui ressemblent habituellement à des lézards ou à des boules de lumière. Les éléments d'eau sont les ondines, comme les nymphes et les sirènes.

Chaque chose vivante — et certaines choses que nous ne croyons pas « vivantes », du moins dans le sens technique du terme — possède son propre deva. Il y a des devas pour les arbres, les fleurs, les rivières, les lacs et les ruisseaux. Il y a aussi des devas pour les cristaux, les roches et les pierres.

Les devas des cristaux représentent la conscience des cristaux et l'âme des pierres. Ensemble, ils constituent l'esprit collectif du royaume des minéraux. Dans ce scénario, les devas ont le pouvoir de préserver, de protéger et de favoriser la croissance et le bien-être dans le monde naturel, et ils travailleront avec bonheur en partenariat avec les humains qui pensent comme eux.

Lorsque vous commencerez votre travail avec les cristaux, vous pourriez vouloir vous imaginer en train de communiquer avec les devas et l'esprit de la nature. Imaginez simplement l'esprit d'un cristal dans une forme brillante et personnifiée, se tenant prêt à vous aider dans vos efforts.

Les couleurs de l'arc-en-ciel

Les cristaux et la couleur

Vous pouvez en savoir long sur un cristal par sa couleur et par la façon magique qu'il a d'interagir avec la lumière. En fait, la couleur est probablement le facteur le plus important qu'il vous faudra connaître pour travailler avec les cristaux.

Depuis le XVIIe siècle, lors duquel Isaac Newton a utilisé un prisme pour diviser la lumière du soleil en un arc-en-ciel de couleurs, les savants reconnaissent que la lumière est une forme d'énergie. Cette énergie voyage sous forme d'ondes, et la distance entre chaque onde lumineuse se mesure en longueur d'onde. Chaque longueur d'onde possède sa propre couleur : rouge, orange, jaune, vert, bleu, indigo ou violet.

D'une certaine façon, la couleur est une illusion d'optique. Dans le monde physique, les couleurs n'existent pas, il s'agit seulement d'ondes de différentes longueurs. Qui plus est, il n'y a pas de couleur dans une pièce obscurcie. Mais, lorsqu'il y a de la lumière, certains objets absorbent certaines longueurs d'onde et en réfléchissent d'autres. Les objets rouges absorbent toutes les longueurs d'onde, sauf les ondes rouges, qu'ils réfléchissent. Les objets bleus absorbent toutes les longueurs d'onde, sauf les bleues. Les objets jaunes ne réfléchissent que la lumière jaune.

En d'autres mots, nous ne voyons pas vraiment de couleur ; nous voyons de la lumière. Les couleurs que nous percevons ne sont que des reflets de la lumière dans le spectre visible.

Lorsque vous êtes capable de voir toutes les longueurs d'onde du spectre de lumière visible, vous percevez le blanc. Techniquement parlant, le blanc n'est pas vraiment une couleur ; c'est plutôt la combinaison de toutes les couleurs du spectre optique visible. Pour cette raison, la lumière visible est parfois appelée « lumière blanche ». De la même manière, le noir n'est pas non plus une couleur. D'un point de vue technique, le noir est simplement l'absence de toute longueur d'onde dans le spectre optique visible.

Le fait d'être incolores donne par contre au noir et au blanc une importante signification symbolique, tant dans l'ensemble de la métaphysique que dans le champ plus spécialisé de la cristallographie. C'est parce que toutes les couleurs sont imprégnées de symbolisme traditionnel et de signification.

Une fois que vous connaissez ces associations, vous pouvez aller loin dans votre travail avec les cristaux. En théorie, vous pourriez même construire toute une collection de cristaux basée sur rien de plus que les couleurs et les teintes. (Pour un tableau des cristaux par couleur, veuillez consulter les guides de référence situés à la fin de ce livre.)

Le **blanc** est la couleur de la pensée et de la conscience supérieures. Cette couleur symbolise les questions spirituelles ; elle est pure, nette et non teintée par la saleté et les débris de l'existence physique. Le blanc représente l'intuition et l'habileté psychique. Le blanc symbolise aussi l'innocence et la pureté. Employez des cristaux blancs lorsque vous voulez réfléchir sur des questions spirituelles.

Le **noir**, à l'inverse, symbolise les questions plus complexes. De toute évidence, le noir peut être très stabilisant ; la terre sous nos pieds est sombre et solide. Mais le noir peut aussi représenter des forces sérieuses comme la négativité et le chagrin, et des émotions sombres et secrètes comme l'anxiété et la dépression. Le noir est la couleur du deuil.

Le noir est aussi la couleur de la nuit, alors que les objets physiques sont obscurcis par la pénombre et que nos pensées conscientes succombent aux sombres fantaisies de notre subconscient. Vous pouvez utiliser des cristaux noirs lorsque vous avez besoin de travailler avec les forces plus sombres de la nature, comme la destruction et le trouble.

Si l'on peut voir un tant soit peu la nuit, c'est souvent grâce à la lumière réfléchie par la Lune ou au scintillement des étoiles. Normalement, le noir absorbe chaque couleur du spectre de la lumière visible. Mais, en même temps, une surface noire polie est très réfléchissante. (La plupart des surfaces de radiesthésie, que l'on fixe jusqu'à l'apparition de visions psychiques, sont noires.) Vous devez vous servir du noir lorsque vous voulez réfléchir à de l'information qui semble cachée, secrète, sombre ou obscurcie, lorsque vous voulez réfléchir à votre Moi, à votre situation, ou lorsque vous pensez aux gens qui vous entourent. Vous pouvez aussi employer des cristaux noirs à un niveau spirituel et symbolique pour refléter des pensées, des émotions, de l'énergie et des comportements non désirés, et pour les ramener à leur source.

Le **gris** est un mélange de noir et de blanc. Une pierre ou un cristal gris peut vous rappeler une ombre rafraîchissante, un répit du soleil brûlant. D'un autre côté, un cristal gris représenterait aussi le brouillard qui peut troubler votre vision, la fumée qui obscurcit votre vue, ou les ombres qui hantent vos rêves. Utilisez des cristaux gris quand vous voulez calmer une situation, purifier le brouillard des pensées et des émotions incohérentes, ou explorer vos problèmes d'ombre.

Le **rouge** est la couleur de la passion. C'est la couleur du sang qui circule dans vos veines, soutenant votre énergie et votre essence. Le rouge peut représenter la colère ou l'alarme, mais aussi la chaleur ardente de l'amour, les flammes du désir, la sexualité, la fertilité et la créativité. Le rouge peut vous mettre en garde ; il peut vous avertir du danger ou vous obliger à vous arrêter net. Servez-vous de cristaux rouges quand vous vous sentez particulièrement passionné par une question, ou quand vous faites face aux mystères de la vie et de la mort.

Le **rose**, une nuance plus claire et plus douce de rouge, représente les passions plus contenues. Les nuances de rose sont réconfortantes, apaisantes, même guérissantes. Elles soulèvent des sentiments d'empathie, d'acceptation, d'amitié et de pardon. Elles peuvent même inspirer l'amour et le romantisme. Utilisez des cristaux roses quand vous voulez trouver la paix, l'harmonie et la tranquillité.

L'**orange**, une combinaison de rouge et de jaune, associe la passion et le rayonnement, et nous rappelle les couchers de soleil et les chaudes îles tropicales. L'orange est la couleur de la vitalité et du plaisir, ce qui signifie que les cristaux orange vous aideront à vous sentir énergique, vigoureux, alerte et en bonne santé physique.

Le **jaune**, comme le soleil, est rayonnant et brillant — tellement brillant, en fait, qu'il est souvent associé aux capacités intellectuelles. Les cristaux jaunes vous aideront à mieux penser, à vous concentrer de façon beaucoup plus intense sur la tâche à accomplir. Vous pouvez aussi employer des cristaux jaunes quand vous voulez exprimer votre optimisme, votre rayonnement et votre brillance innés.

Le **vert** est la couleur de la nature, de la fertilité, de la croissance, du renouveau et de la créativité. C'est aussi la couleur de l'abondance matérielle, de la prospérité, de la manifestation et de la réussite financière. Le vert est à la fois la couleur du jardin et celle du dollar des

États-Unis. Utilisez une pierre verte si vous voulez faire croître des plantes – ou faire croître votre compte de banque.

Le **bleu**, la couleur de la mer et du ciel, inspire la tranquillité. Le bleu est aussi associé à la méditation, à l'intuition et à l'habileté psychique. Utilisez des cristaux bleus lorsque vous voulez vous connecter à l'océan profond de la conscience ou élever votre inspiration vers de nouveaux sommets.

L'**indigo**, la couleur du ciel étoilé, symbolise la profonde contemplation, la sagesse, la maîtrise de soi et la réalisation spirituelle. Utilisez des cristaux indigo lorsque vous voulez accéder à la sagesse cosmique.

Le **violet** est la couleur de la royauté. Cette couleur a un jour orné les empereurs, les rois et les reines, et elle représentait leur suprématie et leur souveraineté sur les autres. En conséquence, toutes les nuances de violet ont une connotation de luxe, de richesse et de raffinement.

Le **brun** est la couleur de la terre. Il symbolise des bases solides, la stabilité et les potentiels inhérents au sol fertile. Le brun est aussi pratique. Utilisez des pierres et des cristaux bruns quand votre but est d'être plus stable ou quand vous souhaitez planter les semences d'une nouvelle croissance dans votre vie.

Les cristaux **transparents**, comme les fenêtres transparentes vers l'âme, nous rappellent l'importance de la clarté aux niveaux de la pensée et de la vision. Utilisez des cristaux transparents quand vous voulez penser clairement ou concentrer vos pensées sur n'importe quel problème. Vous pouvez aussi visualiser des cristaux transparents remplis d'une couleur de votre choix, pour les utiliser comme substituts pour d'autres cristaux colorés. Les cristaux clairs peuvent aussi amplifier l'énergie et les propriétés des autres cristaux.

Les cristaux **arcs-en-ciel** – des cristaux transparents qui réfractent la lumière comme un prisme – reflètent chaque couleur de la lumière contenue dans le prisme visible. Lorsque vous tenez un cristal arc-en-ciel, vous tenez un éclat du ciel d'été dans votre main. Les cristaux arc-en-ciel nous rappellent que nous avons la possibilité de refléter toutes les couleurs de l'arc-en-ciel. Ils représentent l'équilibre, l'harmonie et un pont vers d'autres mondes. Ils symbolisent aussi la promesse, l'espoir, la pureté et le nettoyage, comme un arc-en-ciel après une tempête.

La main de Dieu

Les cristaux dans leur forme naturelle

Les cristaux se présentent sous toutes les formes, qu'il s'agisse de pierres polies et de cristaux coupés ou de formations naturelles comme les agglomérats, les baguettes et les fantômes. Même si votre mère vous a peut-être dit de ne pas juger les gens par leur apparence, vous pouvez certainement en connaître beaucoup sur un cristal en vous basant sur son aspect. À vrai dire, la forme d'un cristal peut déterminer sa fonction métaphysique.

Les **cristaux d'abondance** sont de larges cristaux dotés d'une abondance de petits cristaux agglomérés autour de leur base. Vous pouvez employer un cristal d'abondance lorsque vous voulez multiplier quelque chose que vous possédez, comme de l'argent. Par exemple, vous pourriez déposer une pièce de monnaie sur un cristal d'abondance pour indiquer votre désir d'avoir plus de monnaie dans vos poches. Comme les cristaux d'abondance se distinguent par un large cristal surplombant plusieurs autres petits cristaux, ils symbolisent aussi la paternité et la maternité, le soin, et la protection.

Agglomérats. Ce sont des groupes de cristaux qui se sont développés ensemble sur une même base, comme des rangées de montagnes miniatures. Les agglomérats de cristaux symbolisent la communauté ; utilisez-les pour des questions de coopération en groupe, d'harmonie, d'union et d'amitié. Ils peuvent aussi être employés pour purifier d'autres cristaux plus petits ; déposez simplement les plus petits cristaux sur le dessus.

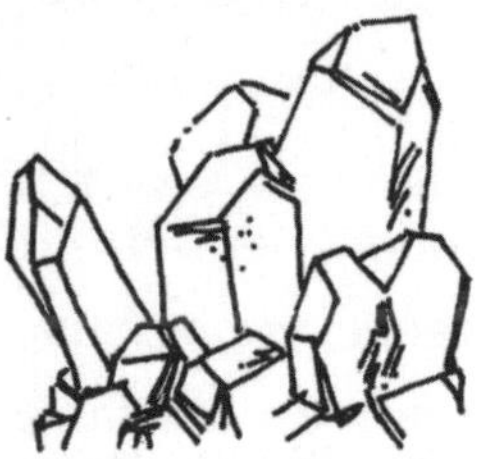

Agglomérats de cristaux d'une même famille. Ce sont des cristaux qui sont dotés d'un ou deux cristaux « parents » et entourés par un certain nombre de plus petits « enfants ». Comme on peut s'y attendre, les agglomérats de même famille représentent des problèmes familiaux comme la protection et l'éducation, de même que l'ascendance et l'héritage. Si vous faites partie de la « génération sandwich » et que vous vous trouvez à prendre soin de jeunes enfants et de parents âgés en même temps, il serait bon que vous ayez un de ces cristaux à votre disposition.

Aiguille. Ces cristaux sont très longs et très étroits, ce qui les rend parfaits pour concentrer l'énergie ou réunir les morceaux éparpillés de votre âme.

Arc-en-ciel. Ces cristaux représentent une manifestation physique de la lumière blanche pure. Ces cristaux de quartz clair ne sont pas rares ; plusieurs d'entre eux agissent comme des prismes et réfléchissent le spectre de la lumière visible à travers des fissures, des fractures ou des voiles gravés dans le cristal, ou de l'air ou de l'eau enfermés à l'intérieur de celui-ci. Les cristaux arcs-en-ciel symbolisent les possibilités infinies, de même que la joie, l'espoir, l'optimisme, le pardon et les tout nouveaux commencements. Les cristaux arcs-en-ciel font des cadeaux particulièrement attrayants.

Artémis. Aussi connus sous le nom de « cristaux bougies », ce sont des cristaux de quartz longs et minces dotés de pointes aiguës et intactes. Comme tous les cristaux en forme de baguette, les cristaux Artémis peuvent vous aider à diriger votre énergie, à concentrer vos pensées et à matérialiser vos espoirs et vos rêves. Dans la Grèce antique, Artémis, la sœur jumelle d'Apollon, était la déesse de la chasse, et ses cristaux peuvent être particulièrement utiles si vous voulez travailler avec les animaux.

Baguette. Ces cristaux de quartz clair sont minces. Lorsque vous tenez une baguette dans votre main, elle amplifie automatiquement votre pouvoir personnel en développant métaphoriquement votre portée. Les baguettes peuvent vous aider à réaliser vos désirs, vos rêves et vos prières.

Baguette laser. Ces cristaux sont longs et minces. Ils sont un peu plus larges à la base qu'à l'extrémité et s'effilent progressivement vers une extrémité. Comme des baguettes magiques, ces cristaux sont utiles pour purifier contre la négativité, pour créer des barrières protectrices et pour concentrer l'énergie, surtout l'énergie de guérison.

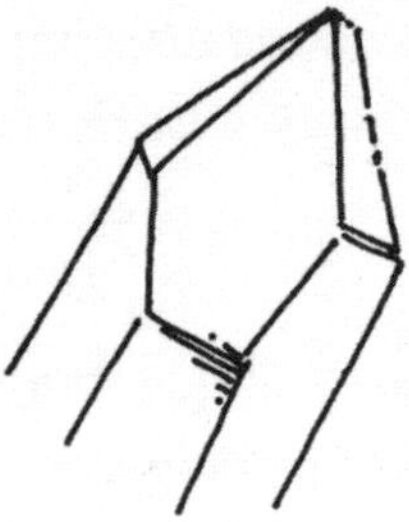

Cerridwen. Ces cristaux sont dotés d'une large facette à cinq côtés à leur extrémité ou terminaison. Ce nom leur vient de la déesse celtique Cerridwen, gardienne du chaudron de la sagesse, de l'inspiration, de la renaissance et de la transformation. Comme leur homonyme, les cristaux Cerridwen peuvent être utilisés pour l'inspiration, l'intelligence et la connaissance, et ils sont invoqués comme une source de sagesse et de conseils, ou comme une force de justice.

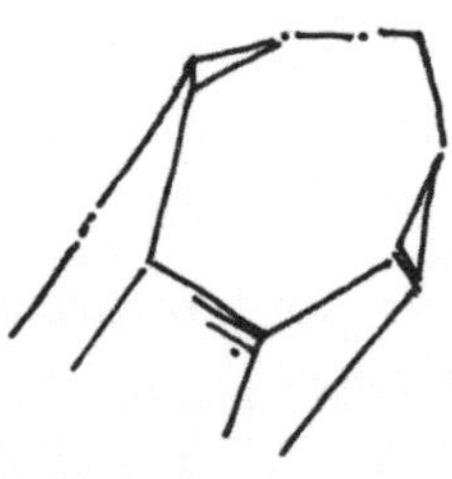

Channeling. Ce sont des cristaux de quartz clair qui ont en général une large facette à sept côtés à une extrémité et une face triangulaire à trois côtés sur l'autre extrémité. Certains cristaux de *channeling* sont aussi des morceaux ordinaires de cristal transparents enveloppés dans du fil de cuivre. Les cristaux de *channeling* sont de bons outils de méditation, mais beaucoup croient aussi qu'ils peuvent les aider à canaliser la sagesse et l'illumination de la part de leurs guides spirituels, de leurs anges gardiens, de leur inconscient et de leur Moi supérieur. Lorsque vous travaillez avec un cristal de *channeling*, essayez de demeurer ouvert aux intuitions et aux inspirations qui semblent venir de nulle part.

Chantant. Ces cristaux sont petits, minces et cylindriques, et ils émettent un son de chant aigu ou tintant lorsqu'ils sont frottés ou roulés ensemble. Leur musique peut être utilisée pour purifier l'air, faire circuler l'énergie et inspirer la créativité.

Chemin de vie. Ces cristaux sont longs et minces, avec une face complètement lisse. Employez ce cristal si vous voulez forger un chemin avec moins d'obstacles dans votre vie.

Cirripède. Ces cristaux sont recouverts, partiellement ou complètement, de plus petits cristaux délicats, comme des cirripèdes accrochés à la coque d'un navire. Les cristaux cirripède sont utiles pour régler les problèmes de famille, de groupe ou de communauté, surtout si vous êtes préoccupé par des problèmes de collaboration et de confiance.

Clé. Ces cristaux ont une forme dentelée à trois ou à six faces qui se rétrécit à mesure qu'elle entre dans le cristal, comme une serrure. Vous pouvez employer un cristal clé si vous avez envie de déverrouiller des secrets, de

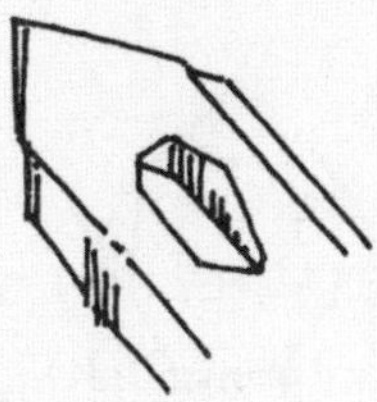

retrouver de l'information cachée ou de comprendre des concepts illusoires.

Convexes. Ils ont une courbe naturelle ou un pli, qui peut vous rappeler l'importance de demeurer souple.

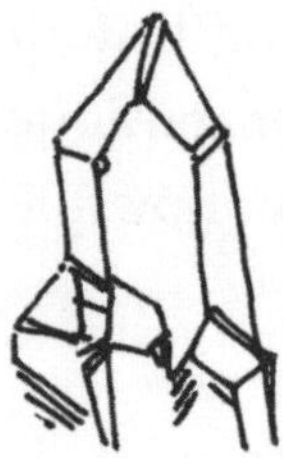

Dauphin. Ce sont de petits cristaux qui semblent s'être attachés le long de la base d'une plus grande pierre. Les cristaux Dauphin sont enjoués, mais ils représentent aussi la communication avec les animaux, l'amour inconditionnel, la loyauté, la bonté, et l'importance de protéger et de s'occuper de façon aimante d'autres créatures vivantes.

Double terminaison. Ce sont des cristaux qui sont dotés de facettes aux deux extrémités, car ils se développent dans l'argile ou dans des bulles de gaz, plutôt que sur une base. Les cristaux à double terminaison permettent à l'énergie de circuler dans les deux directions, ce qui fait de ces cristaux un bon choix si vous voulez partager votre énergie avec une autre personne. Ils symbolisent aussi l'équilibre entre deux personnes, entre le corps et l'esprit, ou entre le conscient et le subconscient.

Dow. On les connaît aussi sous le nom de « cristaux du temple du cœur », ainsi nommés d'après Jane Ann Dow, une célèbre guérisseuse par le cristal et auteure de *Crystal Journey*. L'extrémité ou terminaison d'un cristal Dow a six facettes ; trois d'entre elles sont de larges facettes dotées de sept côtés, alors que les trois autres sont de plus petites facettes ayant trois côtés chacune. Les cristaux Dow fonctionnent à la fois pour le *channeling* et la transmission de l'énergie. Ils sont aussi vus comme des cristaux maîtres, car ils ont l'habileté à la fois d'enseigner et de guérir.

Droitier. Ces cristaux ont une facette supplémentaire quelque part sur la face droite de leur facette ou terminaison la plus large. Ces cristaux peuvent vous aider à devenir plus rationnel, plus logique et plus analytique. Lorsque vous travaillez avec ces cristaux, tenez-les dans votre main droite.

Drusique. Ces cristaux sont des agglomérats de petits cristaux qui couvrent la surface d'un autre minéral. Leurs pointes de cristal minuscules peuvent vous encourager à vous développer de façons nouvelles et inhabituelles.

Éclats et morceaux de plus gros cristaux. Ils ont les mêmes propriétés que leurs pierres mères. Les éclats et morceaux de cristaux sont de taille parfaite pour inclure dans des trousses de guérisseur et des sacs *mojo*. Vous pouvez aussi les exposer dans des vases ou des bols décoratifs, ou en faire des bijoux.

Élestial. Aussi connu sous le nom de « quartz alligator », de « quartz jacare » et de « quartz squelettique », le quartz « élestial » semble avoir été façonné, couche après couche, avec des marques de gravure partout sur sa surface. Les motifs géométriques sur la surface ressemblent presque à de la peau d'alligator. Certains quartz élestial ont des cavités visibles, souvent superposées ou striées, parfois assez prononcées pour que le cristal semble vide. Le quartz élestial peut aussi être doté de plusieurs terminaisons ; les pointes peuvent ressembler à une série de pyramides sculptées, ou à une rangée de montagnes dessinées à la main. Parce qu'il est si complexe, le quartz élestial est un bon cristal à utiliser si vous avez beaucoup d'information à traiter.

Empathique. Ces cristaux sont loin d'être parfaits ; ils ont été ébréchés, craqués, brisés ou endommagés, et parfois de façon intensive. Comme les cristaux empathiques ont survécu à leurs propres blessures, accidents et traumatismes, ils représentent l'empathie, la compassion et la compréhension. Comme Chiron, l'ancien centaure de la mythologie grecque, les cristaux empathiques sont des guérisseurs blessés.

Enfant intérieur. Ces cristaux sont à vrai dire deux cristaux en un seul : ils sont constitués d'un petit cristal encastré à l'intérieur d'une pierre plus large. En règle générale, le plus petit cristal dépasse un peu du cristal plus large. Ces cristaux symbolisent les émotions et les souvenirs enfouis. On les recommande particulièrement à ceux qui ont vécu une enfance douloureuse ou traumatisante.

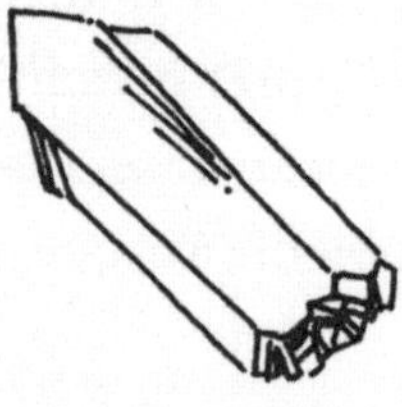

Extraterrestre. Ils ont une seule terminaison à une extrémité et de multiples terminaisons à l'autre, comme une fusée spatiale projetant des flammes sous sa base. Certains les utilisent pour se connecter avec des êtres extraterrestres.

Fantôme. À un certain moment de leur cycle de croissance, les cristaux fantômes ont cessé de se développer, pour ensuite reprendre leur croissance. La preuve de l'interruption de leur développement persiste : vous pouvez apercevoir le léger contour de leur ancienne identité encore enfermée à l'intérieur du cristal. Parfois, cette ombre fantôme est le résultat d'impuretés ou de matériaux étrangers qui se sont déposés sur le cristal pendant sa croissance. Lorsque vous examinez un cristal fantôme, vous pouvez apercevoir le spectre fantomatique de l'une de vos vies passées, ou les restes d'une relation perdue de vue depuis longtemps et qui a laissé une impression qui s'efface tranquillement de votre âme. Les cristaux fantômes peuvent même vous rappeler les différents rôles que vous avez joués pendant votre vie, ou l'évolution que vous avez entreprise à travers le temps et l'espace. Les cristaux fantômes peuvent aussi suggérer qu'il est peut-être temps pour vous de reprendre votre croissance après une période de repos et de réflexion.

Femelle. Ces cristaux, qui ont une énergie yin douce et réceptive, sont habituellement troubles et opaques, tandis que les cristaux mâles, dotés d'une énergie yang active, sont généralement transparents. Certains cristaux incarnent un équilibre des deux énergies, alors que les agglomérats peuvent inclure un mélange très distinct de cristaux mâles et femelles.

Fenêtre. Ces cristaux sont dotés d'une face supplémentaire en losange sur la terminaison. Cette face est assez large pour être considérée comme une septième facette. (La plupart des cristaux ont six facettes sur leur terminaison.) Tout comme vous pouviez vous y attendre, ces fenêtres représentent des fenêtres sur l'âme ou sur le monde de l'esprit.

Gâchette. Ces cristaux ont un petit cristal qui se développe à partir de leurs facettes, comme la gâchette d'un revolver. Afin d'activer cette sorte de cristal pour la méditation, la réflexion ou la divination, pressez doucement la gâchette.

Gardien des archives. Ces cristaux ont de petites marques triangulaires sur leur surface. Certaines de ces marques dépassent du cristal, alors que d'autres semblent gravées sur la surface. Les marques peuvent être difficiles à voir, vous aurez donc peut-être besoin de tenir votre cristal sous une lumière brillante pour les trouver. Chaque marque est associée à une leçon spécifique pour la personne qui tient le cristal. D'après ceux qui travaillent avec de tels cristaux, les marques triangulaires semblent parfois apparaître, puis disparaître.

La tradition associée à cette sorte de cristal peut sembler fantastique. Certaines personnes croient que ces cristaux ont été programmés par d'anciennes civilisations afin de conserver de l'information vitale pour les générations futures, avant d'être enterrés profondément dans la

Terre. Certains croient aussi que ces cristaux peuvent se matérialiser comme par magie. Ils seront peut-être utiles pour ceux qui sont à la recherche de secrets anciens, de sagesse ésotérique ou d'information sur leurs vies passées.

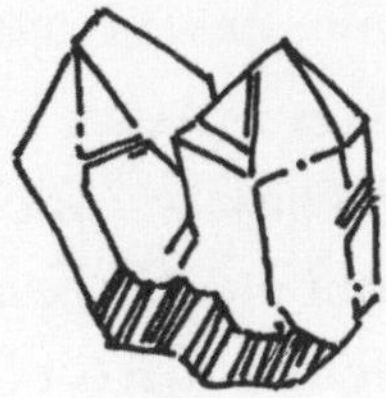

Gémeaux. Aussi nommés « cristaux jumeaux » et « cristaux âmes sœurs », ils ont deux pointes qui partagent une seule base. Non seulement ils partagent la même base, mais il n'y a pas de séparation entre eux. Ils se sont développés côte à côte depuis si longtemps que leur connexion est homogène. Les cristaux gémeaux représentent des fusions, de même que des partenariats et des relations intimes.

Génératrice. Ces cristaux, aussi nommés « cristaux générateurs », « cristaux de transfert », « cristaux de Merlin » et « guides énergétiques », ressemblent à des baguettes magiques ou, du moins, au bout de cristal magique des baguettes magiques. Ils sont dotés de six côtés également espacés qui se terminent sur une pointe aiguë et non endommagée à une extrémité. Leur formation symétrique en fait un rappel naturel de la sagesse, de la cohérence et du pouvoir magique de la nature. Les génératrices peuvent vous aider à diriger votre énergie pour que vous puissiez facilement et rapidement manifester vos idées. Vous pouvez utiliser une génératrice lorsque vous voulez générer du changement dans votre vie.

Géode. Ce sont des pierres vides et arrondies dont l'intérieur est recouvert de cristaux. La plupart des géodes contiennent du quartz, de l'améthyste, de la citrine ou du calcite. Étudiez une géode quand vous voulez percevoir votre beauté intérieure ou vos talents cachés, ou quand vous voulez visualiser la composition de l'âme humaine.

Héra. Aussi connus comme des « cristaux d'autoguérison ». À un certain moment, dans le passé, ces pierres ont été brisées, endommagées, tranchées ou coupées de leur source originale. Mais, à mesure que le temps a passé, ces cristaux ont recommencé à se développer, scellant et guérissant leurs extrémités brisées avec de petites facettes triangulaires. Les cristaux d'autoguérison signifient le renouveau, la renaissance, la récupération et, bien sûr, la guérison. Les cristaux Héra sont ainsi nommés en l'honneur de la déesse grecque Héra, qui a affronté les infidélités de son époux, Zeus, en devenant une femme forte et autonome.

Inclusion. Certains cristaux ont des inclusions, c'est-à-dire des particules de matière étrangère, comme de la terre, de la poussière, d'autres minéraux ou des poches d'eau ou d'huile.

Inclusion de veine laiteuse. Ils sont munis d'un filet blanc laiteux de liquide ou de gaz qui court à travers eux, comme une ligne téléphonique ou un cordon astral. Des fibres filamenteuses ressemblant à du fil courent habituellement à travers tout le cristal, vers son centre. Ces cristaux traversés d'une veine sont utiles pour établir des connexions et pour amorcer une nouvelle croissance.

Interférence de croissance. Ces cristaux semblent avoir été coupés à l'aide d'une scie. En fait, ce sont des cristaux de quartz qui ont vu leur croissance interrompue par de minces et plats cristaux de calcite. Ces cristaux sont utiles pour enlever les obstacles à notre propre croissance, incluant les limites que nous nous imposons à nous-mêmes.

Isis. Ces cristaux ressemblent beaucoup aux cristaux Cerridwen. Ils possèdent une facette à cinq côtés à leur extrémité. Les extrémités du bas du pentagone, qui pointent vers le haut et vers l'extérieur, représentent l'entrée dans le monde; les lignes du sommet se réunissent, symbolisant un centre d'intérêt spirituel. Les cristaux Isis sont ainsi nommés en l'honneur de la déesse égyptienne Isis, qui a travaillé inlassablement pour réassembler et faire revivre son époux Osiris, après qu'il eut été assassiné et démembré. Les cristaux Isis sont particulièrement utiles si vous devez affronter des problèmes de fidélité ou de chagrin. Après le décès d'Osiris, Isis a conçu son enfant de façon magique; les cristaux Isis représentent donc aussi la fertilité, la créativité et la maternité. Ces cristaux ne sont pas simplement destinés aux femmes; si vous êtes un homme qui se pose des questions sur ce que les femmes veulent, choisissez un cristal Isis. Il vous aidera à savoir comment vous y prendre avec votre petite amie ou votre épouse, ainsi qu'à comprendre votre mère, vos sœurs, vos filles et vos collègues féminines.

Jumeaux japonais. Ces cristaux sont joints à leur base, ils forment donc un « V » ou un cœur. Les jumeaux japonais symbolisent la synthèse.

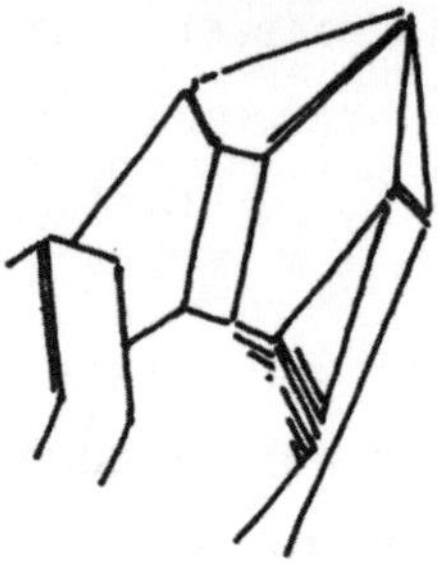

Ligne du temps. Ces cristaux ont une face ou facette rectangulaire, comme un parallélogramme, qui penche vers la droite ou vers la gauche. Quand nous traçons une ligne du temps, nous avons tendance à mettre les événements du passé à gauche, ceux du présent au centre, et les occurrences futures à droite. Pour cette raison, les cristaux ayant une facette qui penche vers la gauche sont utiles pour accéder à l'information du passé, et les cristaux ayant une facette qui penche vers la droite sont utiles pour accéder à de l'information concernant l'avenir.

Lutin. Ces cristaux, aussi appelés « cristaux enchantés », sont des cristaux de quartz clair à double terminaison qui sont remplis d'arcs-en-ciel et de givre de fée. Comme les points de repère troubles d'un rêve, ces cristaux nous éveillent à l'existence d'êtres mystiques comme les lutins, les elfes, les gnomes et les fées, de même que les devas des plantes et des animaux.

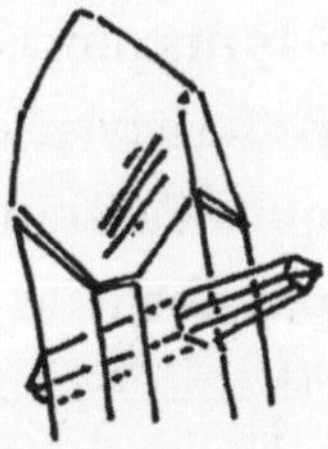

Macle. Parfois appelés « cristaux pénétrants », ce sont de petits cristaux qui passent à travers un cristal plus large. Vous pouvez en fait voir un cristal maclé passer à travers le corps du cristal principal et les pointes qui sortent de chaque côté. Les cristaux maclés agissent comme un pont entre les mondes ou comme un pont entre vous-même et les autres.

Main gauche. Ces cristaux sont dotés d'une facette supplémentaire sur le côté gauche de leur face ou terminaison la plus large. Ils peuvent vous aider à devenir plus créatif, perspicace, intuitif et télépathe.

Mâle. Dotés d'énergie active yang, ces cristaux sont généralement transparents, alors que les cristaux femelles, dotés d'une énergie yin douce et réceptive, sont habituellement troubles ou opaques. Certains cristaux incarnent un équilibre des deux énergies, alors que les agglomérats peuvent inclure un mélange très distinct de cristaux mâles et femelles.

Manifestation. Ces cristaux présentent un petit cristal totalement enchâssé dans un cristal plus large. Ils peuvent vous aider à manifester les espoirs, les plans et les rêves qui reposent enfouis en vous. Ils peuvent aussi représenter des souvenirs et des émotions enfouis, et, comme le cristal de l'enfant intérieur, ils peuvent être utilisés par ceux qui ont vécu une enfance douloureuse ou traumatisante.

Mythique. Ce sont des cristaux de quartz laiteux dotés de terminaisons aux deux extrémités. Les cristaux mythiques ressemblent à des nuages solidifiés, et cela n'est pas difficile à imaginer : lorsque vous fixez un quartz mythique, vous contemplez en fait les brumes tourbillonnantes du temps. Certains ont même suggéré que ces cristaux détiennent les secrets de mythes et d'archétypes anciens. Ils sont particulièrement utiles durant la méditation.

Parité. Ces cristaux viennent en agglomérats de pierres de tailles égales. La parité signifie l'égalité, et ces cristaux nous rappellent que nous sommes tous égaux.

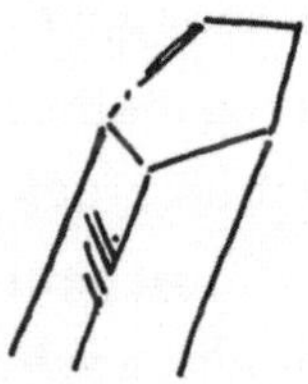

Pelle. Ces cristaux ont une facette de la forme d'une pelle, ce qui les rend particulièrement bien adaptés lorsque vous avez besoin de fouiller pour trouver de l'information.

Pierres trouées. Ce type de pierre est littéralement doté de trous façonnés par la température, l'eau ou même par de petites créatures vivantes. Vénérées par le dieu nordique Odin, les pierres trouées sont aussi liées aux coutumes des déesses, et associées à la sagesse féminine, à la fertilité, à la maternité et à la protection. D'après la légende, si vous regardez à travers une pierre trouée sous l'éclairage de la pleine Lune, vous pouvez percevoir le monde des esprits. Les pierres trouées peuvent aussi aider les gens qui souffrent de cauchemars.

Pointes de quartz. Ce sont des morceaux d'extrémités et de terminaisons de cristaux de quartz. Les pointes de quartz sont particulièrement efficaces pour transmettre de l'information à travers une grille ou un plan, comme ceux qui sont utilisés dans la guérison. Les pointes de quartz concentreront naturellement l'énergie et l'intensifieront dans toute direction qu'elles visent. Certains croient que les terminaisons peuvent même fonctionner comme des couteaux pour couper à travers l'énergie bloquée. Les pointes de quartz sont magnifiques lorsqu'elles sont regroupées, et elles peuvent unifier un motif de cristaux conçu pour la méditation ou le travail de guérison.

Quantique. Ces cristaux consistent en la réunion d'au moins trois cristaux à double terminaison. « Quantique » est tiré du mot latin « *quantum* », qui signifie « quantité », et le terme fait généralement référence à une très petite mesure ou quantité. Les chances statistiques de trouver un cristal quantique les habilitent particulièrement à servir d'agents de transition et de transformation. Si vous possédez un cristal quantique, utilisez-le pour vous aider à apporter des changements majeurs dans votre vie.

Récepteur. Les cristaux récepteurs sont dotés d'une large face plate. Parfois, les guérisseurs qui se servent de cristaux tiennent la facette plate contre une partie malade ou blessée du corps pour en extraire l'énergie négative, ou bien ils les déposent près du cœur ou de la tête pour en extraire les pensées et les sentiments négatifs. Vous pourriez aussi essayer de tenir un cristal récepteur dans votre main gauche (qui est votre main réceptrice, si vous êtes droitier) et un cristal projecteur dans votre main droite, pour donner et recevoir de l'énergie en même temps.

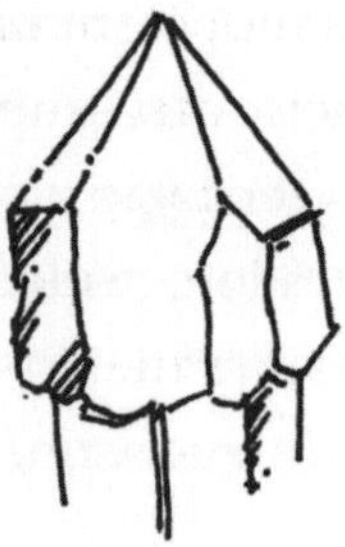

Sceptre. Ces cristaux ressemblent beaucoup aux sceptres que tenaient les rois et les reines et qui constituaient des symboles de leur pouvoir sur le monde. Ils se forment quand un cristal normal, en forme de baguette, entreprend un second stade de croissance, créant une extension qui ressemble à l'extrémité d'un sceptre, mais plus lourde et plus large que la tige. Vous pouvez utiliser ce type de cristal quand vous voulez exercer du pouvoir sur votre vie et sur votre environnement.

Étant donné qu'ils sont aussi de forme très phallique, vous pouvez utiliser ces cristaux quand vous voulez tirer de l'énergie et de la force masculine, ou quand vous voulez répandre les semences de nouvelles idées et générer de nouveaux projets.

Séléné. Ces cristaux sont nommés en l'honneur de Séléné, la déesse grecque éternellement magnifique qui est associée à la Lune. Ces cristaux ont des inclusions arrondies, en forme de lune, formées de bulles d'air, d'eau ou d'huile. Les cristaux Séléné vous rappelleront la richesse et la plénitude de la Lune, de même que les cycles réguliers de l'orbite lunaire. Utilisez un cristal Séléné si vous devez traiter des problèmes qui semblent récurrents. Comme il est dit que Séléné était la mère de 50 enfants, vous pouvez aussi utiliser ces cristaux si vous êtes enceinte, tentez de l'être, élevez des enfants ou si vous avez besoin d'assistance dans vos interactions avec votre mère.

Sept faces. Ces cristaux sont dotés de sept faces et d'une extrémité à sept terminaisons naturelles. Le sept étant un chiffre particulièrement mystique associé aux sept niveaux du paradis, aux sept chakras et aux sept jours de la semaine, un cristal à sept faces augmentera l'introspection, la sérénité, le mysticisme, l'atteinte spirituelle, la transcendance et la paix.

Six faces. Ces cristaux sont très communs ; la plupart des cristaux de quartz ont six faces. Les cristaux à une seule terminaison sont plats à l'extrémité (parce qu'ils se développent à partir d'une base rocailleuse) et se terminent en une seule pointe à leur autre extrémité ou terminaison. De façon naturelle, les terminaisons concentrent, intensifient et dirigent l'énergie dans toute direction qu'elles visent. Certains croient que les terminaisons peuvent même fonctionner comme des couteaux pour couper l'énergie bloquée.

Les cristaux à six faces sont peut-être communs, mais leur symbolisme est toujours assez impressionnant. Les six faces d'un hexagone correspondent apparemment aux six chakras, ou centres d'énergie du corps humain. La pointe située à l'extrémité ou terminaison d'un cristal à six faces correspond au septième chakra, juste au-dessus de la tête.

Spirale. Ces cristaux ont la forme d'une spirale et un motif de croissance tordu et nettement visible. Ils peuvent vous faire penser à une lumière ou à des ondes sonores tourbillonnant dans l'espace, ou à un escalier en spirale s'élevant vers des plans supérieurs de conscience. Ces cristaux semblent aussi incarner la double hélice en spirale de l'ADN humain. Vous pouvez utiliser ce cristal si vous voulez accéder à votre Moi supérieur, ou si vous voulez travailler avec les dons et les talents dont vous avez hérité de vos parents et grands-parents. Comme les cristaux en spirale peuvent aussi vous rappeler les motifs en forme de vague du son et de la lumière, vous pouvez les utiliser si vous voulez développer vos habiletés de communication.

Stabilisant. Si tous les cristaux sont stabilisants jusqu'à un certain point, les cristaux ayant huit faces sont exceptionnellement stabilisants. Ils sont plutôt rares, étant donné que la plupart des cristaux ont six faces. Les cristaux stabilisants peuvent vous ramener sur Terre, au sens propre comme au sens figuré. Gardez-en un près de vous pour vous rappeler que vous êtes un être spirituel dans un corps physique et que vous devez intégrer les deux aspects.

Tabulaire. Ces cristaux, parfois nommés « cristaux tigrés », sont plats et rectangulaires, comme une tablette de pierre ou une table. De façon générale, deux faces d'un cristal tabulaire sont au moins deux fois plus larges que les deux autres. Les cristaux tabulaires symbolisent le type de communication qui peut prendre place autour d'une table. Ils sont utiles pour planifier le travail avec d'autres personnes, la discussion face à face, le dialogue et la résolution de disputes.

Temple des devas. Ce sont des cristaux de quartz clair dotés d'arcs-en-ciel créés par de l'air, de l'eau, et des gaz emprisonnés ; ils sont communément appelés voiles, feuilles ou gels de fée. Ces arcs-en-ciel, combinés avec des fissures externes et internes dans le cristal, donnent à ces pierres l'apparence d'anciens temples, incluant même des escaliers et des portes. Certains croient que les temples des devas peuvent faciliter la communication avec les esprits de la nature, comme les devas et les elfes.

Transmetteur. Ces cristaux ont deux terminaisons symétriques à sept faces, avec une face parfaitement triangulaire entre elles.

Yin-yang. Ces cristaux sont laiteux, troubles ou opaques à une extrémité, ce qui représente leur énergie yin, douce et réceptive. De l'autre côté, ils sont transparents, et alignés à l'énergie active yang. Servez-vous d'un cristal yin-yang quand vous avez besoin de trouver un équilibre entre deux extrêmes.

Les baguettes sont des cristaux puissants. Ne pointez jamais une baguette vers quelqu'un pour plaisanter, et ne souhaitez jamais quelque chose de négatif quand vous travaillez avec une baguette.

Les formes

Cristaux sculptés et polis

Les cristaux se présentent dans une vaste gamme de formes et de tailles ; certains sont naturels et d'autres ont été améliorés avec un peu d'aide de la technologie moderne.

Les **amulettes** sont des objets symboliques généralement faits en pierre sculptée. On peut les porter ou les transporter en gage de chance, mais on s'en sert habituellement pour se protéger du mal.

Les **cabochons** sont des pierres précieuses qui ont été coupées et polies en dômes lisses. Le mot « cabochon » vient de « caboche », qui signifie « tête ». Les cabochons n'ont pas de facettes.

Les **œufs**, pour des raisons évidentes, symbolisent la fertilité, de même que des concepts connexes comme le potentiel, les nouveaux développements et les premières étapes de la création. Les œufs représentent aussi la sécurité et la protection des éléments extérieurs. Les cristaux et les pierres en forme d'œuf symbolisent parfois l'« œuf cosmique », la source mythique de toute création.

Les **cœurs** représentent l'amour romantique et la guérison émotionnelle.

Les **baguettes de massage** sont des baguettes ou des bâtons lisses de la taille de la paume de la main. Les baguettes de massage se placent très bien au creux de la main, et elles peuvent constituer une aide extraordinaire pour le massage et la guérison. Les baguettes de massage ont habituellement une extrémité arrondie, ce qui leur permet de se glisser en douceur le long du corps ; tandis que l'autre extrémité est en pointe et peut servir pour la digitopuncture, la réflexologie ou la guérison par les chakras. Vous pouvez faire rouler une baguette de massage par-dessus les vêtements ou en employer une avec de l'huile sur la peau nue.

Les **obélisques** sont des piliers à quatre faces qui se terminent en forme pyramidale. De nombreux monuments classiques, comme le Washington Monument, sont des obélisques. Symboliquement, un obélisque peut libérer la tension et l'énergie à haute pression par son extrémité, l'envoyant très haut dans l'atmosphère pour qu'elle se dissipe et se disperse. Un obélisque peut aussi tirer de l'énergie de l'atmosphère supérieure et ancrer cette énergie à travers sa base.

qui a décidé de couper le quartz sous la forme de l'arbre kabbalistique de la vie, lequel représente un diagramme symbolique qui illustre la structure de l'Univers. Les deux extrémités d'un cristal Vogel sont dotées de terminaisons, mais un bout est plus large et coupé à un angle de 51 degrés. Les cristaux Vogel sont magnifiques, et ceux qui les possèdent disent qu'ils peuvent amplifier et concentrer l'énergie beaucoup mieux que les cristaux non taillés ou qui ont été coupés dans d'autres formes.

Les **pierres de souci** sont plates et dotées d'une rainure vide gravée sur un côté. C'est une pierre à utiliser, tout comme son nom l'indique, lorsque vous êtes anxieux ou inquiet. Vous pouvez tenir une pierre de souci dans la paume de votre main et la frotter d'avant en arrière avec votre pouce pour vous calmer.

Heureux de vous rencontrer

Apprendre à connaître vos cristaux

Comment savoir ce que peut faire un cristal en particulier ? Comment trouver ses forces spécifiques, ses propriétés et ses dons ?

Allez directement à la source : le cristal. La façon la plus facile et la plus efficace de connaître vos cristaux, c'est de passer du temps avec eux.

Tenez vos cristaux dans vos mains. Lorsque vous ajoutez un nouveau cristal à votre collection, tenez-le tout simplement entre vos mains et demandez : « Qu'as-tu à m'apprendre ? » Oui, ça fait un peu bizarre, mais vous pourriez être agréablement surpris par les réponses que vous recevrez. Vous pourriez entendre un mot, une expression ou une phrase dans votre tête. Vous pourriez entendre une bribe de chanson. Vous pourriez éprouver une impression visuelle, ressentir une émotion ou tout simplement découvrir que votre nouveau cristal veut que vous affûtiez un peu plus votre intuition.

Transportez vos cristaux. Que vous partiez en croisière autour du monde ou que vous alliez faire un tour au marché du coin, apportez quelques cristaux dans votre poche ou dans votre sac à main.

Votre « mojo » personnel. Vous pouvez glisser de petits cristaux dans votre sac de médecine ou dans votre sac mojo. Les sacs de médecine sont sacrés dans certaines cultures amérindiennes, qui les fabriquent en général avec des peaux d'animaux. Les sacs mojo proviennent du Sud profond des États-Unis, où les praticiens de *hoodoo*[11] les confectionnent habituellement dans de la flanelle ou du feutre.

Vous pouvez fabriquer chacun des sacs rapidement et facilement. Contentez-vous d'acheter un sac tout fait, ou choisissez du tissu ou une étoffe et cousez un petit sac à cordon. Remplissez-le de cristaux magiques, d'herbes, d'amulettes et de talismans. Attachez votre sac de médecine ou votre sac mojo à une corde et portez-le à votre cou, glissé sous votre chemise.

La plupart des gens gardent leur sac de médecine ou leur sac mojo secret et ne l'ouvrent que lorsqu'ils ont besoin d'accéder à leur contenu pour du travail spirituel.

Portez vos cristaux. Il se peut que vous ayez déjà quelques bijoux faits de pierres précieuses. Qu'elles soient polies, coupées ou sculptées, les pierres précieuses authentiques sont dotées des mêmes propriétés mystiques que les cristaux à leur état naturel. Vous pouvez aussi acheter des cristaux perforés pour les suspendre

11. N.d.T. : *Hoodoo* décrit un charme ou une potion magique dans la culture afro-américaine.

à une chaîne ou à une corde de velours ; des perles de cristal pour les enfiler ; ou des fils métalliques enroulés, ou des cages, pour y insérer vos cristaux et les porter comme bijoux.

Gardez vos cristaux en vue. Gardez vos cristaux sur votre bureau, sur votre table de nuit, près de votre téléphone ou sur votre table de cuisine. En y mettant un peu plus d'efforts, vous pourriez même créer des présentations un peu spectaculaires qui ajouteront de la profondeur à votre collection.

Préparez le décor. Lorsque vous commencerez à vous entourer de cristaux, vous voudrez probablement les mettre en évidence, comme sur des étagères, une table basse ou le manteau d'une cheminée. Même si les rebords de fenêtres sont un bon endroit pour exposer certaines pierres, choisissez avec attention les cristaux que vous laissez au soleil. Plusieurs cristaux peuvent s'affadir, changer de couleur, ou perdre leur couleur complètement s'ils sont exposés directement au soleil. Choisissez un endroit ombragé pour les pierres suivantes : améthyste, apatite, aigue-marine, aventurine, béryl, célestine, citrine, fluorite, kunzite, quartz rose, saphir, et quartz fumé.

Quoi que vous fassiez, ne traitez pas vos cristaux comme une collection de pierres ordinaires. Évitez de glisser vos pierres dans de petites boîtes avec des sacs de protection en tissu et des étiquettes de référence, à moins, bien sûr, que vous ne projetiez d'avoir une très grande collection. Dans ce cas, vous pourriez poser un minuscule collant amovible en dessous de chacun, avec une clé numérotée qui correspond à des notes dans votre journal de cristaux. Mais essayez de résister à la tentation d'enfermer vos cristaux dans des tiroirs et des armoires. On ne peut profiter des effets des cristaux s'ils sont entreposés. En fin de compte, le but de posséder des cristaux, c'est d'en profiter, même lorsque vous ne les tenez pas dans vos mains.

Bien que vous puissiez déposer certains de vos cristaux dans des cases d'exposition munies de portes de verre, vous profiterez mieux de leurs effets si vous les disposez stratégiquement partout dans votre maison, où l'air pourra circuler librement autour d'eux. Les cristaux peuvent étinceler au soleil et au clair de lune, et leur présence peut améliorer l'humeur et donner de l'énergie.

Faites l'essai des techniques suivantes :

- Pour créer un impact sur le plan de la décoration, regroupez vos cristaux par couleur. D'un point de vue esthétique, un regroupement par nombres impairs a meilleure apparence. Essayez de disposer vos cristaux en groupes de trois, de cinq ou de sept.
- Unifiez vos étalages en déposant vos cristaux sur des plateaux, des petits miroirs ou des piédestaux.
- Organisez vos cristaux sur des foulards rassemblés assez librement ou sur des morceaux de tissu.
- Essayez de regrouper vos cristaux autour d'une fontaine sur table.

- Empilez vos livres de métaphysique sur le côté, comme des étagères, et exposez vos cristaux sur les livres.
- Fabriquez des supports à gradins en drapant du tissu sur des boîtes ou sur des blocs de bois.
- Catégorisez votre collection par formes, surtout si vous reconnaissez les propriétés métaphysiques de chaque formation.
- Empêchez les boules de cristal et les cristaux en forme d'œuf de rouler en les déposant à l'intérieur d'anneaux d'hématite.
- Exposez toute sorte ou forme de cristaux sur des supports en plastique, en bois et en métal.
- Conservez les pierres polies dans des paniers, des bols et des pots de verre transparents.
- Glissez des fleurs et de la verdure autour de vos cristaux pour donner l'impression que vos cristaux font partie d'un paysage extérieur.
- Parsemez votre étalage d'autres éléments naturels comme des plumes, des matières végétales et des coquillages.
- Exposez vos cristaux le long de figurines et de petites statues, ou de photographies encadrées de gens que vous aimez.
- Glissez des cartes de prière ou des affirmations sous certains de vos cristaux.

- Ajoutez des bougies et des brûleurs d'encens à votre collection.

- À mesure que les saisons changent, réorganisez la disposition de vos étalages. Essayez d'incorporer à vos présentations des éléments qui reflètent le monde extérieur, comme des bourgeons et des boutons au printemps, des fleurs coupées en été, des feuilles colorées en automne, ainsi que des branches et des cônes de pin en hiver.

- Créez un autel pour vous rappeler la beauté et le caractère sacré des objets physiques de votre vie, non seulement pour les cristaux, mais aussi pour les amulettes et les éléments qui vous rappellent les gens et les activités que vous aimez. Votre autel pourrait être le dessus d'une commode de chambre, le manteau de votre cheminée, une étagère dans la cuisine ou une table dans votre hall d'entrée – n'importe quel endroit où vous avez de l'espace et où vous désirez exposer vos articles les plus significatifs.

- Créez un jardin de méditation zen apaisant en disposant stratégiquement vos cristaux dans une boîte creuse ou sur un plateau rempli de sable. Utilisez un râteau miniature, un bâton ou le bout de vos doigts pour sculpter dans le sable des vagues et des motifs tourbillonnants autour des cristaux.

Laissez vos cristaux sortis et exposés, et leur beauté et leur charme rempliront votre maison — ainsi que votre cœur — d'énergie et de lumière.

Traitez-moi bien

Le soin et la purification des cristaux

Une fois que vous avez trouvé vos cristaux et que vous les avez ramenés à la maison, vous devez les préparer pour votre usage. Voici de simples techniques de départ.

Comment nettoyer vos cristaux

Lorsque vous ferez l'acquisition d'un cristal, vous voudrez peut-être le nettoyer, tant physiquement que spirituellement. Il peut être sale ou avoir capté des vibrations indésirables de ceux qui l'ont tenu entre leurs mains. Vous devriez aussi nettoyer tous les cristaux que vous utilisez pour la guérison, afin de vous assurer qu'ils ne retiennent aucune trace de maladie ou de mauvaise santé.

Si vos cristaux semblent physiquement sales, poussiéreux ou crasseux, il est facile de les nettoyer : essuyez-les avec un gant de toilette humide ou avec un chiffon à poussière doux. S'ils sont particulièrement malpropres, vous pouvez habituellement les laver avec de l'eau et un détergent à vaisselle doux. Bien sûr, faites attention de ne pas soumettre vos cristaux à des changements extrêmes de température ; si vous plongez un cristal froid dans un évier rempli d'eau chaude, il pourrait se fêler.

Cependant, certains cristaux nécessitent plus qu'un simple essuyage avec un chiffon humide, ils ont aussi besoin d'un astiquage métaphysique. En d'autres mots, il vous faudra peut-être aller plus loin dans l'opération de nettoyage pour bien purifier vos cristaux.

Comment purifier vos cristaux

Comme les cristaux peuvent emmagasiner de l'énergie, ils peuvent retenir plus que de simples empreintes digitales. Ils peuvent aussi retenir de l'énergie psychique à partir de toute personne qui les manipule.

La plupart des passionnés conviennent que vous devriez nettoyer et purifier les nouveaux cristaux lorsque vous en faites l'acquisition. Certains suggèrent également de les purifier chaque fois que d'autres personnes y touchent. En fait, certains prétendent même que vous ne devriez pas permettre à qui que ce soit de manipuler vos cristaux. Selon eux, vos pierres n'appartiennent qu'à vous. Si vous laissez d'autres personnes les manipuler, elles perdront leur foyer, leur énergie sera dissipée, et elles auront moins de pouvoir pour influencer et transformer votre vie.

Cet argument est à double tranchant, cela dit. Si vos amis, les membres de votre famille et vos êtres chers touchent à vos cristaux, ils pourraient aussi, à vrai dire, les imprégner d'émotions positives. En fait, habituellement, lorsque les gens regardent les cristaux, ils les prennent dans leurs mains pour les admirer, ce qui ne peut qu'avoir une incidence positive sur votre collection.

De plus, il y a probablement suffisamment de pouvoir à l'intérieur d'un cristal pour tout le monde. Après tout, chaque cristal extrait du sol existait à cet endroit depuis plus longtemps que la plupart d'entre nous peuvent l'imaginer... et ces cristaux seront probablement encore là longtemps après notre départ. Leur énergie ne peut être dissipée ou détruite simplement parce qu'ils ont été manipulés pendant quelques instants.

D'accord, si une personne qui se sent triste, en colère, déprimée ou frustrée touche à vos cristaux, vous devrez peut-être les polir un peu et leur redonner un état d'équilibre positif. Si vous utilisez vos cristaux pour la guérison ou pour la réflexion sur des questions sombres et ombrageuses, vous voudrez certainement les purifier ensuite.

Voici des techniques communes de purification de cristaux dont vous pouvez faire l'essai :

Respiration. La façon la plus simple de purifier un cristal, c'est tout simplement de le tenir entre ses mains et de souffler doucement un flot lent et continu d'air autour de la pierre. La durée n'est pas importante. La force du souffle n'est pas importante. La seule chose qui fait vraiment une différence, c'est votre intention de purifier votre cristal, et de concentrer toute votre énergie et toute votre attention à l'exécution de cette tâche, même si ce n'est que pour un court moment.

Visualisation de lumière blanche. Vous pouvez aussi effectuer un nettoyage et une purification remarquablement efficaces en vous servant de la visualisation. Assoyez-vous d'abord en restant totalement immobile – préférablement au sol, mais si vous le voulez, assoyez-vous plutôt dans une chaise avec les pieds fermement plantés au sol. Prenez plusieurs respirations profondes. Purifiez votre esprit, en ne vous concentrant que sur votre respiration. À chaque respiration, imaginez que l'espace qui vous entoure devient de plus en plus léger. Puis, visionnez des vagues de lumière blanche, scintillante et luisante qui entourent vos cristaux et qui les remplissent d'énergie pure et propre.

Un peu de poli. Essuyez vos cristaux avec un linge doux, en imaginant que vous les essuyez aussi des impressions, des émotions, des programmations ou des modèles emmagasinés.

Une pincée de sel. Le sel est une méthode traditionnelle pour nettoyer et purifier les cristaux. Certaines personnes suggèrent que vous fassiez tremper vos pierres dans de l'eau salée ou que vous les immergiez dans un bol de gros sel. Le sel de mer est tout particulièrement recommandé, parce qu'il est naturel, mais tout type de sel fera l'affaire. Le sel est lui-même un cristal et a longtemps été associé à la purification.

Malheureusement, le sel peut s'infiltrer dans les minuscules fissures d'un cristal, même celles qui sont pratiquement invisibles à l'œil nu, et cela risque d'endommager le cristal.

Si vous voulez faire tremper vos cristaux dans l'eau salée, assurez-vous qu'ils sont solides et qu'ils ne présentent aucune fracture ou brisure qui puisse les rendre vulnérables à d'autres dommages. Si vous voulez immerger vos cristaux dans un contenant de sel, songez à les envelopper dans du tissu auparavant. Si vous voulez que l'opération soit tout à fait sécuritaire, essayez tout simplement d'asperger quelques grains de sel sur vos cristaux ou autour d'eux pour obtenir le même résultat final.

Fumigation. Depuis des siècles, dans presque toutes les cultures, on a brûlé des herbes pour la purification émotionnelle et spirituelle. Dans les cultures occidentales, par exemple, on croit que l'encens portera nos prières vers les cieux.

La pratique de la fumigation, telle qu'elle est utilisée par les autochtones d'Amérique, semble particulièrement bien fonctionner avec les cristaux. Il vous faudra un bâton de fumigation, que vous pouvez fabriquer vous-même ou trouver dans une boutique spécialisée. Les bâtons de fumigation sont simplement des liasses de cèdre, de sauge et de lavande séchées, enveloppées dans un anneau. Ils ressemblent un peu à de gros cigares épais.

Vous aurez aussi besoin d'une assiette à l'épreuve du feu pour faire tenir le bâton de fumigation. La plupart des gens utilisent une assiette en céramique, comme un cendrier, ou une large coquille remplie de sable, pour symboliser l'élément de l'eau et faire contrepoids au feu et à la fumée du bâton de fumigation.

Allumez une extrémité du bâton de fumigation avec une allumette. Soufflez doucement sur la flamme, mais pas trop fort, pour ne pas éteindre complètement le bâton de fumigation. Il faut que l'extrémité reste rouge, comme de l'encens, pour qu'il continue de se consumer et de fumer.

Vous pouvez tenir vos cristaux dans la fumée d'un bâton de fumigation ou utiliser une plume pour ventiler doucement la fumée au-dessus et autour d'eux.

Magie de la bougie. Vous pouvez aussi purifier vos cristaux en les faisant passer à travers la lumière, la chaleur et la fumée d'une bougie. Vous n'avez pas besoin de leur faire traverser directement la flamme — personne ne veut que vous ou vos cristaux subissiez une épreuve par le feu. La purification par la bougie est une bonne solution de rechange à la fumigation, surtout si vous n'aimez pas l'odeur de la plupart des bâtons de fumigation.

Essayez de vous servir d'une bougie qui n'a pas été utilisée pour d'autres besoins. Vos cristaux ne se purifieront pas si votre agent de purification est lui-même imprégné de souhaits d'anniversaire, de bribes de conversation ou de tout rappel de son dernier emplacement de travail sur la commode de votre chambre à coucher.

Pour un nettoyage général, il est préférable de se servir de bougies blanches, car elles symbolisent la pureté et les nouveaux départs. Mais, si vous avez un objectif précis en tête pour le cristal que vous êtes en train de purifier, vous pourriez essayer d'utiliser une couleur qui symbolise votre intention : le rouge pour l'amour et la passion, par exemple, ou le bleu pour la tranquillité. Vous pourriez également assortir vos bougies aux couleurs de vos cristaux pour les remplir de l'énergie qui correspond à leurs propriétés métaphysiques.

Eau ruisselante. Si vous avez accès à l'eau courante d'une rivière ou d'un ruisseau, ou au mouvement constant d'un océan ou d'une mer, amenez-y vos cristaux et rincez-les. Pendant que vous tenez vos cristaux sous l'eau, imaginez que les vagues et les courants font disparaître toute ancienne programmation ou négativité à l'intérieur des pierres. Si le temps vous manque, vous pouvez réaliser le même effet en tenant vos cristaux sous l'eau courante dans l'évier de la cuisine. Dans ce cas, imaginez-vous dans un décor naturel ; l'expérience calmera votre esprit et vous rappellera que les cristaux sont un cadeau de la nature.

Eau dormante. Vous pouvez même laisser vos cristaux près d'une assiette d'eau pendant une journée ou deux. Déposez un contenant d'eau avec l'intention expresse qu'elle attirera et absorbera toute négativité captive dans les cristaux. Cela fait, ne donnez pas cette eau aux animaux de compagnie ou aux plantes. Il se peut qu'elle paraisse claire, mais elle sera métaphoriquement crasseuse. Jetez-la dans l'égout.

Pouvoir du vent. Tenez vos cristaux sous une douce brise et imaginez le vent qui emporte au loin toute réserve de négativité.

Gouttes de pluie. Une pluie dense peut être un moyen parfait pour rafraîchir votre collection de cristaux. Déposez tout simplement vos cristaux à l'extérieur lorsque le ciel commence à s'ennuager, et laissez danser les gouttes de pluie sur la surface des cristaux. Lorsque la tempête est passée, donnez à vos cristaux un polissage rapide avec un linge sec et propre, et ils seront frais et propres comme le printemps.

Son. Éliminez le vieux pour faire place au neuf en utilisant des ondes sonores afin de purifier vos cristaux. Tout aussi efficacement que la lumière, le son peut purifier une pièce. Il possède l'avantage supplémentaire de redonner de l'énergie à un espace. Le son peut littéralement harmoniser vos cristaux, autant que vous harmoniser vous-même. Vous pouvez jouer de la musique, faire sonner une cloche, frapper un gong ou faire des essais avec un bol chantant bouddhique.

Bénédiction. Peut-être voudrez-vous mettre au point une bénédiction pour nettoyer et purifier vos cristaux. Votre bénédiction peut être courte et simple, comme celle-ci : « Puissiez-vous être remplis de lumière et d'amour, et ouverts à tout ce qui arrive. » Vous pouvez aussi utiliser cette bénédiction :

Cristaux rouges et cristaux bleus,
Cristaux verts et jaunes aussi,
À l'instar de *votre lumière et de votre amour,*
Puissiez-vous partager des bénédictions de l'Au-delà.

David Spangler est l'auteur de *Blessing : The Art and the Practice,* dans lequel il a décrit comment il avait un jour été prié de bénir une pierre.

> « Pendant que je la tenais entre mes mains, je me suis moi-même placé dans mon espace de bénédiction et j'ai commencé à aimer cette pierre. Je l'ai admirée, je me suis harmonisé avec sa dureté, avec son aspect pittoresque, me façonnant un chemin à travers elle par mon amour pour elle. Alors, l'esprit de la pierre a commencé à s'ouvrir, et je me suis retrouvé en contact avec ce que je ne peux décrire que comme l'esprit de la Terre ou, du moins, de sa nature minérale. Il semblait que je pouvais retracer une ligne de connexion à partir de cette pierre jusqu'au centre en fusion de la Terre. En même temps, une autre ligne de connexion est sortie dans l'espace, dans l'ubiquité de la pierre à travers l'Univers. En bref, cette petite pierre était devenue un portail pour que je puisse entrer dans une vaste communauté d'êtres spirituels, qui incarnaient les qualités du royaume minéral ainsi que ses structures moléculaires et atomiques dans l'ensemble de la création.
>
> » Tenant cette pierre dans ma main, j'avais l'impression qu'elle était une petite créature vivante ; surtout lorsque je sentais l'énergie qui venait de cette plus vaste communauté d'« êtres minéraux », et j'ai alors entrepris de la bénir, tout comme je l'aurais fait pour tout autre être vivant. Je me suis harmonisé du mieux que je le pouvais

> avec la plus vaste communauté d'où elle semblait provenir, invitant en même temps son énergie combinée dans le processus, m'utilisant comme un instrument avec lequel recevoir et concentrer la bénédiction[12]. »

Prière. Puisqu'elle est intimement liée à la bénédiction, la prière peut être le moyen parfait de purifier vos cristaux. Vous pouvez créer une prière de votre choix, ou compter sur une prière traditionnelle comme « Venez, Esprit-Saint ».

> *Venez, Esprit-Saint.*
> *Remplissez les cœurs de vos fidèles,*
> *Et allumez en eux le feu de votre amour. Envoyez votre Esprit et tout sera créé.*
> *Et vous renouvellerez la face de la Terre.*

Chants. Peut-être voudrez-vous nettoyer vos cristaux en chantant un mantra bouddhique, comme « *Om lokah samastha sukhino bhavantu* », qui signifie « Que ce monde s'établisse avec un sens de bien-être et de bonheur » ou « *Om mani pedme hum* », qui inspire la compassion.

Allez-y pour le vert. De même que les plantes vivantes en croissance peuvent aider à purifier l'air de votre maison, elles peuvent aussi aider à désintoxiquer les cristaux qui ont été utilisés. Déposez tout simplement vos cristaux à la base de vos plantes de maison — ou

12. David SPANGLER. *Blessing : The Art and the Practice,* New York, Riverhead Books, 2001, p. 298-299.

insérez-les contre des fleurs de votre jardin – et laissez entrer l'esprit de la nature pour leur donner quelque chose de plus.

Formation de cristaux. La plupart des cristaux se développent en communautés, ils sont donc habitués à vivre ensemble. Et, tout comme les individus se réunissent souvent pour obtenir de la force et du soutien, de nombreux experts en cristaux rapportent que leurs pierres semblent s'illuminer et être plus brillantes lorsqu'elles sont rassemblées dans un même endroit. Si vous possédez un petit cristal qui a besoin de se faire recharger, déposez-le au-dessus d'un agrégat d'améthystes ou d'un plus gros cristal de quartz pendant quelques jours.

Les plantes et les groupes de cristaux ont l'avantage supplémentaire d'être une source de nouvelle énergie pour vos pierres.

Quatre éléments. Pour une séance de charge et de purification particulièrement puissante, incorporez une représentation des quatre éléments dans votre travail : la terre, l'air, le feu et l'eau. Combinez, pour la terre, une petite pincée de sel ; pour l'air, la fumée d'un bâton de fumigation ou le parfum odorant de l'encens ; pour le feu, la lumière d'une bougie en train de brûler ; et une aspersion d'eau de source pure.

Comment charger vos cristaux

Une fois que vous avez utilisé vos cristaux pendant un certain temps, il est possible que vous découvriez qu'ils semblent vidés de certains de leurs pouvoirs ou de leurs forces, tout comme si vous aviez épuisé leurs piles.

Il ne faut pas s'en inquiéter, branchez-les à nouveau à une autre source d'énergie et laissez-les se recharger.

Touche solaire. La source d'énergie la plus évidente, pour les cristaux, ou pour n'importe qui sur cette terre, c'est le Soleil. Plusieurs experts en cristaux jurent que quelques heures de Soleil purifieront tout nuage dans l'aspect cosmique de vos cristaux et les rempliront de lumière pure et brillante. Vous devez quand même être prudent, sinon vous pourriez vous brûler, littéralement. La lumière du Soleil peut traverser un cristal, comme à travers une loupe, et allumer un feu, alors assurez-vous que vous ne concentrez pas les rayons du soleil sur votre nappe préférée ou sur une pile de vieux journaux.

Également, souvenez-vous que la lumière du Soleil peut endommager certains cristaux. Plusieurs pierres pâliront, changeront de couleur, ou perdront complètement leur couleur si elles sont exposées directement au Soleil ; ces pierres incluent l'améthyste, l'apatite, l'aigue-marine, l'aventurine, le béryl, la célestine, la citrine, la fluorite, la kunzite, le quartz rose, le saphir et le quartz fumé.

Clair de lune. Vous pouvez aussi augmenter la brillance de vos cristaux en les baignant dans la lumière de la Lune argentée. La lumière d'une pleine Lune ou de la Lune montante, qui symbolise la croissance et l'épanouissement, est généralement meilleure pour la recharge que la Lune descendante, dans laquelle la force et le pouvoir du globe sont déclinants.

Trésor enterré. Si vos cristaux semblent usés et fatigués, laissez-les retourner à leur mère pendant quelques jours. Ramenez-les tout simplement à leur source et enterrez-les – temporairement – de façon sécuritaire dans les bras de la Terre mère. Si vous ne voulez pas que vos cristaux se salissent, enveloppez-les dans du tissu ou glissez-les dans un sac en papier avant de les enterrer. Assurez-vous aussi de marquer leur emplacement, pour que vous puissiez les retrouver quand il est temps pour eux de renaître.

Proches compagnons. À mesure que les plantes et les fleurs se développent, elles donnent de l'énergie à l'environnement qui les entoure. Glissez vos cristaux à l'intérieur de vos pots et de vos jardinières et laissez-les absorber l'énergie de l'agréable compagnie de vos plantes d'intérieur.

Comment programmer vos cristaux

Si vous planifiez de faire du travail métaphysique avec vos cristaux, vous devriez les programmer avec un dispositif à sécurité intégrée – une garantie, en quelque sorte, que leur pouvoir ne puisse être employé que pour le bien. Bien que vos intentions soient probablement toujours pures, il est impossible de reconnaître toutes les ramifications de chaque geste posé, surtout quand d'autres personnes sont impliquées.

Lorsque vous acquérez un nouveau cristal, nettoyez-le, purifiez-le et tenez-le entre vos mains, tout simplement. Puis, récitez le couplet suivant ou improvisez quelque chose de semblable dans vos propres mots :

Que vous en aidiez plusieurs
Que vous n'en aidiez qu'un,
Votre pouvoir sera utilisé pour le bien ;
Le processus ne nuira à personne.

Sur un plan plus pratique, vous pouvez aussi programmer vos cristaux pour vous aider à atteindre des objectifs déterminés. Que vous vouliez vous sentir en meilleure santé, être plus actif physiquement ou trouver plus de satisfaction dans vos relations, vous pouvez programmer un cristal pour vous rappeler la vie que vous désirez mener et vous aider à concrétiser cette vie.

Vous réussirez mieux si vous programmez vos cristaux en des termes positifs plutôt que négatifs. Essayez de ne pas penser en matière de choses que vous voulez éliminer de votre vie ; concentrez-vous sur les idéaux et objectifs que vous souhaitez réaliser. Par exemple, si vous voulez perdre du poids, ne programmez pas un cristal pour vous aider à moins manger. Programmez-en un qui vous aidera plutôt à faire plus d'exercice et à être plus attentif à ce que vous mangez. Si vous voulez cesser de fumer, programmez un cristal pour vous aider à vous détendre et à passer plus de temps à faire de la méditation, état dans lequel vous pourrez faire l'expérience du plaisir de la respiration simple et profonde. Si vous voulez cesser de vous quereller avec quelqu'un que vous aimez, programmez un cristal pour vous aider à trouver des activités dont vous pourrez profiter avec des amis et des membres de la famille.

Vous pouvez programmer un cristal pour servir de rappel tangible d'un vœu, d'un objectif ou d'une intention. La programmation d'un cristal est par ailleurs beaucoup plus facile que celle d'un ordinateur. Voici un guide simple, étape par étape :

- D'abord, assurez-vous que le cristal avec lequel vous travaillez a été nettoyé et purifié de toute ancienne programmation qui pourrait empiéter sur le nouveau programme que vous avez en tête.

- Tenez le cristal dans votre main.

- Visualisez votre objectif ou votre intention clairement et avec le maximum de détails que vous pouvez rassembler. Imaginez exactement comment votre intention paraîtra et semblera. Imaginez les sensations dont vous ferez l'expérience, lorsque votre intention se réalisera : vues, sons, goûts, odeurs.

- Lorsque vous visualisez votre intention, imaginez qu'elle circule de votre esprit vers le cristal, de plus en plus profondément à chacune de vos respirations.

- En même temps, verbalisez votre intention. Présentez-la sous forme d'une affirmation et récitez-la à voix haute. Si vous programmez votre cristal pour la prospérité, par exemple, dites :

« Richesse, prospérité et abondance m'appartiennent. »

- Si vous préférez, vous pouvez écrire votre intention sur un morceau de papier et le déposer sous votre cristal pendant la nuit.
- Portez le cristal et, chaque fois que vous êtes tenté de vous diriger vers une machine distributrice au bureau, touchez le cristal pour vous rappeler votre nouveau style de vie plus sain.
- Un cristal programmé devient aussi un charmant cadeau. Vous pouvez dire à celui qui le reçoit que vous avez choisi le cristal pour qu'il le porte comme porte-bonheur, ou pour tout autre objectif que vous avez en tête.

Barrières et écrans

Vous avez peut-être entendu dire qu'on peut employer les cristaux pour se protéger. C'est vrai : vous pouvez utiliser des pierres de couleur sombre comme l'hématite, la magnétite et le quartz fumé pour absorber l'énergie négative. Vous pouvez utiliser les pierres de couleur claire comme la pierre de Lune, la sélénite et le quartz pour empêcher les pensées négatives et pour réfléchir les intentions dangereuses vers leur source. Vous pouvez même asperger des cristaux de sel ordinaire autour des périmètres et des entrées pour que les visiteurs indésirables restent à l'extérieur ou pour que les forces destructrices ne puissent pas pénétrer dans votre espace.

Mais, avant de commencer à ériger des murs de pierres et à construire un pont à bascule en cristal, vous pourriez aussi envisager des approches plus positives.

D'accord, il est naturel de penser en fonction de ce que vous ne voulez pas dans votre vie. Lorsque vous vous sentez fatigué, usé et épuisé, il est possible que vous ne puissiez imaginer autre chose que l'élimination pure et simple des facteurs qui vous épuisent. Si vous vous sentez menacé – que ce soit sur le plan spirituel, physique, émotionnel ou mental –, vous devez rassembler tout le soutien dont vous disposez pour votre défense. Vous aurez peut-être besoin de programmer vos cristaux comme gardiens et écrans, si cela vous permet de vous sentir plus en sécurité.

À l'inverse, vous pourriez envisager de programmer vos cristaux pour vous sentir positif, optimiste et aimé. L'affirmation « je suis en sécurité, ici » est tout simplement plus encourageante et valorisante que « je ne serai pas attaqué ».

La plupart d'entre nous ne sont pas entraînés à penser en termes positifs, surtout lorsqu'il est question de forces négatives. Malheureusement, si vous programmez vos cristaux contre la négativité, vous pourriez bien en créer encore plus. De fait, quand vous vous concentrez sur l'obscurité, plutôt que sur la lumière, vous pouvez attiser un nuage de poussière et de débris psychiques qui tourbillonneront continuellement autour de vous. Vous pourriez en fait découvrir que vous transmettez sans le vouloir de l'énergie négative dans le monde, et vos signaux seront certainement recueillis par quiconque pourrait être réglé sur cette fréquence. Dans le pire des cas, vous pourriez même servir de signal lumineux pour les prédateurs... le genre de personne qui peut sentir le sang dans l'eau, ressentir vos faiblesses et simplement devenir un problème supplémentaire.

Bien que cela puisse passer pour de la superstition, il existe un principe métaphysique valide dont il faut se souvenir : qui se ressemble s'assemble. Il existe aussi une composante psychologique à considérer : si toute votre attention se concentre sur les questions sombres, quand donc trouverez-vous le temps ou l'occasion de vous concentrer sur des questions plus légères et plus lumineuses ? Si vous ne pensez qu'à toutes les mauvaises choses qui peuvent se produire, serez-vous même capable de remarquer la moindre chance ou occasion qui se présentera à vous ?

Ne tremblez pas de peur, concentrez-vous plutôt sur la liberté. Ne vous concentrez pas sur la protection, mais plutôt sur le plaisir. Ne vous inquiétez pas de ce que vous pourriez perdre, contentez-vous de profiter de ce que vous possédez. Programmez vos cristaux pour vous aider à être le plus positif possible.

Imaginez-vous en train de vivre la vie que vous souhaitez — heureux, sain, en sécurité, énergique, et entouré d'amour et d'affection. Programmez vos cristaux sur ce que vous voulez, et évitez de les imprégner de ce que vous ne voulez pas.

Vous pouvez programmer vos cristaux pour vous aider à vous sentir plus en sécurité. Mais, si vous êtes vraiment en danger, appelez un serrurier ou la police. Il vous faudra plus qu'un morceau de quartz luisant ou quelques grains de sel pour vous protéger.

Méditation active ou réflexive

Méditation avec les cristaux

Lorsque René Descartes a écrit ses *Méditations* révolutionnaires, il a inventé l'une des plus célèbres expressions de toute la philosophie occidentale : « Je pense, donc je suis. »

L'acte même de penser, a-t-il postulé, prouve que nous existons. Soit, disait-il, nous pouvons douter de nos sens, et nous doutons peut-être même de ce que nos sens nous disent sur le monde. En conséquence, nous pouvons douter de la réalité du monde et certainement de l'existence de Dieu. Mais il est impossible de douter qu'une partie de notre être pense à tout ce dont nous pouvons douter, et cela nous mène à une conclusion indéniable : nous existons, même si toute autre chose n'existe pas.

Heureusement, Descartes a poursuivi en démontrant que si nous existons, le reste du monde existe aussi, alors nous n'avons pas à nous inquiéter de nous retrouver soudainement comme des intelligences perdues, désincarnées, flottant dans le vide de l'espace.

Tout comme la méditation peut prouver que vous êtes vivant, elle peut aussi améliorer votre qualité de vie. En méditant seulement dix minutes par jour, vous abaisserez votre rythme cardiaque, votre pression artérielle et votre taux de cholestérol. Vous vous sentirez plus calme, plus optimiste et moins anxieux ou craintif. Vous apprendrez plus rapidement et vous vous souviendrez de ce que vous avez appris pendant plus longtemps. Vous serez moins enclin à la maladie et aux infections et de plus, vous paraîtrez et vous vous sentirez plus jeune.

Méditation de base avec les cristaux

Avant de commencer à méditer, assurez-vous d'être dans un lieu paisible où vous ne serez pas interrompu. Trouvez une position assise confortable, dans une chaise ou sur le sol. Certaines personnes aiment s'asseoir sur un petit oreiller. Vous pouvez vous étendre si vous n'êtes pas trop fatigué, mais voyez à ne pas vous endormir. Ayez une couverture à portée de main, car après quelques minutes à rester assis et immobile, vous aurez peut-être froid. Si vous ne faites que commencer à apprendre à méditer avec les cristaux, planifiez de ne faire l'essai de cette pratique que pendant 10 ou 15 minutes à la fois.

Installez-vous confortablement et prenez un de vos cristaux préférés. Examinez-le de très près ; examinez chaque côté, chaque angle, chaque facette et chaque fissure. Passez vos doigts sur sa surface et ressentez son poids dans votre main.

Puis, fermez les yeux et répétez le processus. Cette fois-ci, explorez le cristal avec vos mains pendant que vous visualisez la pierre dans votre esprit. Soyez ouvert à toutes les impressions que vous obtiendrez du cristal.

Elles peuvent être visuelles. Vous pourriez « voir » des images de gens, de lieux ou de choses dans votre esprit. Vous pourriez « entendre » quelque chose – une courte phrase, des bribes de conversation ou un vers d'une de vos chansons préférées pourrait brusquement surgir dans votre tête. Vous pourriez ressentir un changement de température. Vous pourriez sentir des parfums de fleurs, entendre des oiseaux, goûter l'air salé de la mer ou sentir une brise rafraîchissante qui caresse votre peau. Vous pourriez même ressentir des émotions qui semblent ne provenir de nulle part et vous prennent par surprise.

La plupart des gens disent que les expériences qu'ils vivent pendant qu'ils tiennent des cristaux sont positives. Ces expériences varient en intensité. Certaines sont subtiles et procurent une douce sensation de détente ou un léger élan d'énergie. D'autres personnes rapportent qu'elles ont l'impression d'avoir été emmenées quelque part, ailleurs dans l'espace et dans le temps, avec une conscience détaillée du nouveau monde qui les entoure.

Si vous n'aimez pas votre expérience, vous pouvez l'interrompre à tout moment ; vous n'avez qu'à ouvrir les yeux et à éloigner le cristal. Mais, si vous l'aimez – et c'est le cas de la plupart des gens –, vous pouvez la recréer chaque fois que cela vous est possible, en prenant simplement votre cristal et en vous installant pour quelques minutes de méditation.

Développer votre pratique

Faites l'essai de ces exercices de méditation avec les cristaux. Ils sont destinés à vous aider à pratiquer deux variétés de méditations : la méditation active, au cours de laquelle votre corps demeure occupé pour que votre esprit puisse vagabonder ; et la méditation réflexive, au cours de laquelle vous apportez du calme à votre corps et à votre esprit.

Commencez et terminez chaque séance en respirant profondément pendant quelques minutes. Lorsque vous avez terminé, notez vos intuitions et vos observations dans votre journal de cristaux.

Méditation réflexive

La méditation réflexive est calmante, paisible et passive. Pour les Occidentaux, elle ressemble beaucoup à la méditation zen, dont l'objectif consiste à s'oublier et à faire l'expérience de l'Univers comme un tout. Voici quelques méditations réflexives dont vous pouvez faire l'essai.

Monter et descendre. Étendez-vous sur le dos, et déposez un cristal sur votre poitrine ou sur votre ventre. Observez le cristal qui monte et redescend à mesure que vous inspirez et expirez doucement.

S'asseoir en restant immobile. Assoyez-vous, pieds nus, les plantes de vos pieds appuyées l'une contre l'autre. Posez un cristal en équilibre sur votre tête, ou posez des cristaux sur vos épaules ou sur vos genoux. Assoyez-vous en demeurant immobile et concentrez-vous seulement sur le maintien de votre équilibre pour que les cristaux ne tombent pas.

Faire le point. Tenez une pointe de quartz pour vous aider à vous concentrer pendant la méditation, surtout si vous devez réfléchir à un problème urgent.

Bonds quantiques. Bien que vous sentiez certainement la solidité des cristaux dans votre main, passez quelques temps à les imaginer à un niveau quantique. Sentez votre conscience qui se rétrécit à un niveau subatomique, où vous pouvez sentir vibrer les molécules et voir danser les atomes au rythme cosmique de l'Univers. Imaginez que vous êtes une énergie, pure et simple, flottant librement dans les régions ouvertes du milieu atomique et du réseau moléculaire du cristal. Imaginez que vous êtes une particule, un neurone ou un quark, vous déplaçant à travers la danse en spirale infinie du temps et de l'espace.

Mêler et agencer. Tenez un cristal foncé dans une main et un cristal clair dans l'autre. Imaginez l'énergie qui s'élève de chacun des cristaux en vagues de lumière colorée, tourbillonnant et se mêlant autour de vous, jusqu'à ce que vous vous sentiez équilibré.

Respiration avec la couleur. Choisissez un cristal brillamment coloré ou d'une nuance que vous trouvez particulièrement curative, réconfortante ou intrigante. Pendant que vous tenez le cristal, imaginez qu'il remplit l'air qui vous entoure de sa couleur, le teignant de subtiles teintes et de nuances. Respirez profondément et imaginez que la couleur remplit votre corps, oxygénant votre système sanguin, se déplaçant et circulant à chacune de vos respirations et à chaque battement de votre cœur. Imprégnez-vous de la tête aux pieds avec les qualités guérissantes de la couleur que vous tenez entre vos mains. Lorsque vous avez terminé, permettez à l'atmosphère qui vous entoure de revenir à son état normal avant de reprendre votre routine.

Images mouvantes. Choisissez un cristal qui a une face plate et lisse. Imaginez qu'alors que vous fixez le côté plat de la pierre, il commence à luire, comme un écran de projection. Permettez aux images et aux scènes de votre vie de s'animer sur l'écran, comme si vous regardiez un film. Soyez ouvert à toutes les visions qui prennent forme, même si elles ne se déroulent que dans votre imagination.

Voyage intérieur. Prenez un cristal et examinez-le avec attention. Cherchez des inclusions — des éléments traces d'autres minéraux, arcs-en-ciel ou voiles — et notez toute fissure ou entaille. Vous aurez peut-être l'impression d'être en train d'épier un autre univers. Vous pourriez apercevoir des édifices, des paysages, des visages ou des silhouettes de gens, d'animaux et de créatures mythiques.

Ensuite, imaginez que vous devenez plus petit ou visualisez le cristal qui devient plus gros. Imaginez ce que ce serait que d'entrer dans le cristal et de marcher à travers lui, comme s'il s'agissait d'une très grande caverne de cristal. Explorez toutes les fissures et toutes les crevasses. Observez le jeu de lumière et d'ombre alors que les rayons du Soleil ou de la Lune rebondissent sur ses facettes et circulent à travers la pierre. Profitez bien de votre visite dans un univers éternel, un univers qui a été créé longtemps avant votre naissance et qui continuera à exister longtemps après votre départ.

Devenir une pierre. Pendant que vous tenez un cristal dans votre main, imaginez que vous êtes le cristal. Imaginez vos premiers stades de développement, d'abord comme du magma en fusion, circulant librement dans la Terre, puis comme cristal semence, profondément enfoui dans la croûte terrestre. Expérimentez votre développement comme cristal, dans les chambres sombres d'un ancien continent, évoluant lentement et silencieusement à travers des milliers d'années. Imaginez à quoi cela ressemblait d'être découvert, extrait d'une mine, et transporté à la surface de la Terre. Puis, visualisez votre voyage jusqu'à l'endroit où vous êtes actuellement assis – passé de main en main, emballé et expédié, épousseté et exposé –, tout le long de ce trajet jusqu'à vous.

Méditation avec un cristal deva. Tenez un cristal dans votre main. Ce peut être n'importe quelle sorte de cristal – un spécimen non poli ou une pierre polie, un totem sculpté ou une rune de cristal, une large pierre ou une petite. Imaginez le cristal qui devient de plus en plus chaud à votre contact. Sentez qu'il commence à picoter, puis à vibrer, en même temps qu'une lumière blanche commence à luire profondément à l'intérieur du cristal.

À mesure que la lumière blanche commence à se répandre, elle change de couleur, passant du rouge à l'orange, au jaune, au vert, au bleu, à l'indigo et au violet.

Les nuances de l'arc-en-ciel se présentent sous la forme d'un arc gracieux, qui se déplace du cristal dans votre main vers un espace situé à environ un mètre devant vous.

Cet arc-en-ciel se transformera en pont, et l'esprit éthéré du cristal deva voyagera du cristal pour entrer dans le vrai monde. Respirez profondément, et il ou elle se matérialisera juste devant vos yeux.

Imaginez le deva qui prend forme devant vous. Visualisez chaque détail de son apparence physique : taille, forme, couleur, vêtement, coiffure et expression. Demandez au deva de vous donner un message et écoutez tranquillement sa réponse. Vous pouvez ne recevoir qu'un hochement de tête, un message énigmatique, une réponse de deux mots, ou une réaction émotive, ou vous pourriez être capable d'engager le cristal deva dans une conversation à part entière.

Méditation active

La méditation active est dynamique et vivante ; elle implique habituellement un mouvement physique. Voici certaines méditations actives dont vous pouvez faire l'essai.

Promenade pour trouver des pierres. Faites une promenade, et gardez les yeux ouverts pour trouver de nouveaux cristaux et de nouvelles pierres à ajouter à votre collection. Par exemple, il est probable que vous trouviez un quartz dans sa forme brute, naturelle, aux alentours de rivières et de ruisseaux ; et des pierres comme le feldspath et le granite, dans les champs et sur les routes non pavées.

Tir sur cible. Tenez un cristal dans votre main gauche et pointez-le avec l'index de votre main droite. Imaginez un rayon de lumière blanche pure, circulant dans votre corps à partir du ciel au-dessus de votre tête, sa source tout en hauteur, dans la partie supérieure de notre atmosphère. Puis, imaginez que vous pouvez libérer un flot continu de cette énergie à travers le bout de votre index. Dirigez votre doigt vers le cristal dans votre main et imaginez votre énergie qui circule jusque dans la pierre.

Vous voudrez peut-être mettre au point une boucle de rétroaction, dans laquelle un second courant d'énergie circulera à partir du cristal dans votre direction. Traditionnellement, on se sert de la main droite pour envoyer l'énergie, alors que la main gauche est utilisée pour en recevoir.

Vous pouvez déposer le cristal sur une table, ou sur le plancher, et vous entraîner à envoyer et à recevoir de l'énergie à partir de différentes distances. Vous pouvez aussi vous exercer à contrôler et à libérer cette énergie de chacun de vos doigts à tour de rôle, de vos deux mains, de votre troisième œil ou de l'un de vos chakras.

Souvenez-vous de mettre le flot d'énergie hors circuit, lorsque vous avez terminé de jouer… et si vous projetez de diriger vos fusils cosmiques vers autre chose que des cristaux, assurez-vous de ne pas pointer vers une cible sur laquelle vous n'avez pas l'intention de tirer.

Cristaux d'étapes importantes. Choisissez un cristal pour représenter chaque étape clé de votre vie jusqu'ici. Pendant que vous le faites, essayez de présenter une explication rationnelle pour chaque choix; vous pouvez choisir une pierre blanche pour représenter l'innocence de vos premières années, par exemple, ou une pierre rouge pour symboliser la passion de votre jeunesse, et une pierre verte pour vos premières incursions dans le monde du travail. Soyez aussi explicite et aussi détaillé que possible, et disposez les pierres selon le plan ou le motif de votre choix.

Cristaux d'objectifs. Choisissez un cristal pour représenter les objectifs de la semaine, du mois et de l'année suivants. Programmez ces cristaux avec vos intentions, et gardez-les autour de vous comme un rappel tangible de vos espoirs, de vos rêves et des étapes que vous devrez traverser pour faire de votre vision une réalité.

Mandalas de cristal. Servez-vous des cristaux pour créer un mandala – une figure circulaire et colorée qui représente la forme et la création de l'Univers. Les mandalas incorporent des motifs géométriques précis, qui font en sorte qu'il est facile de visualiser l'énergie qui entre et sort de leur construction. Vous pouvez construire votre mandala à partir de pierres non coupées et non polies, de pierres polies, de pointes de quartz ou de n'importe quel cristal de votre collection.

Les couleurs de la conscience. Lorsque vous faites vos expériences de méditation avec les cristaux, essayez de choisir des pierres basées sur un cercle chromatique. Un cercle chromatique vous montrera les trois couleurs primaires – le rouge, le jaune et le bleu –, qui ne peuvent être mélangées à partir d'autres couleurs. Il vous montrera les trois couleurs secondaires – le vert, l'orange et le violet –, qui résultent du mélange des couleurs primaires. Et il vous montrera les couleurs tertiaires – comme le bleu-vert, le rouge-violet et le jaune-vert –, qui sont créées à partir du mélange des couleurs primaires avec les couleurs secondaires.

Dans un disque chromatique, les couleurs directement opposées sont des couleurs complémentaires. Employez les couleurs complémentaires quand vous voulez trouver l'équilibre dans votre travail avec les cristaux.

Pour équilibrer les énergies représentées par les cristaux rouges, comme la colère ou la passion, utilisez le vert. Pour apporter une nouvelle énergie à une vie qui donne l'impression d'être trop endormie – ou bleue –, utilisez les cristaux orange. Si vous vous sentez trop intellectuel – ce qui est classiquement symbolisé par la couleur jaune –, tirez de l'énergie d'une pierre spirituelle violette.

Vous pouvez aussi essayer de mélanger les énergies des couleurs secondaires et tertiaires simplement en déterminant ce que symbolise chaque couleur dans votre propre vie. Les possibilités sont infinies, comme le sont les combinaisons de peinture sur la palette d'un artiste.

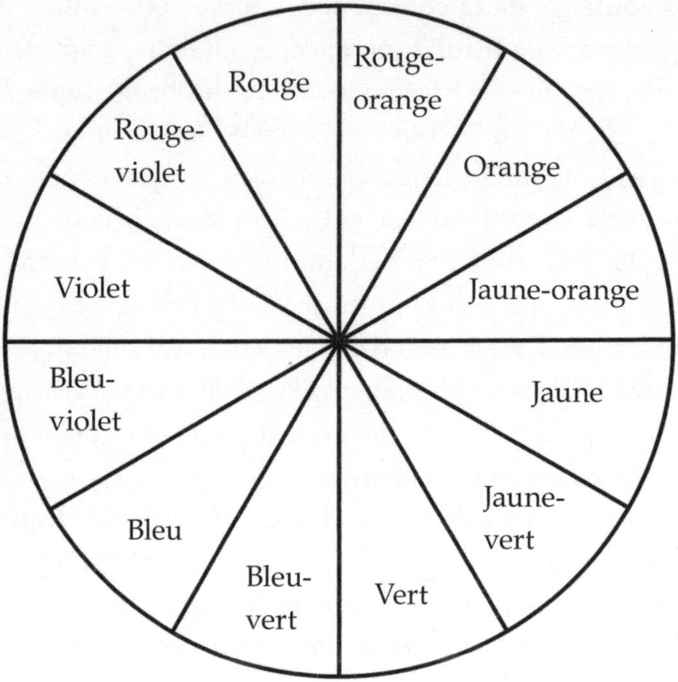
Rouge
Rouge-orange
Orange
Jaune-orange
Jaune
Jaune-vert
Vert
Bleu-vert
Bleu
Bleu-violet
Violet
Rouge-violet

Sixième sens

Développement psychique et divination

Les cristaux sont inextricablement liés à la divination, qui, pour dire les choses simplement, représente le contact avec le Divin. Il existe plusieurs formes de divination par les cristaux : vous pouvez pratiquer la divination avec une boule de cristal classique ou vous faire la main en tirant des runes. Vous pouvez aussi vous servir des cristaux pour compléter des méthodes connexes, comme les cartes de tarot, de la thérapie astrologique et des lectures de médium.

Mais, avant de commencer à faire de la divination en dilettante, il est toujours bon de vous assurer que vous travaillez avec des forces positives et que votre humeur est aussi légère, positive et optimiste que possible.

Avant de commencer tout travail de médium, vous voudrez peut-être ajouter quelques gouttes d'élixir de cristal à un verre de 250 millilitres rempli d'eau. (Vous trouverez les directives pour préparer un élixir de cristal dans le chapitre appelé « Se sentir bien ».) Il y a une raison pour laquelle on associe l'eau à l'habileté psychique et à l'intuition : sur les plans physique et mental, l'eau aide à assurer que vos cellules soient chimiquement équilibrées et complètement chargées. Sur les plans spirituel et émotionnel, l'eau permet aux impressions psychiques de circuler librement.

De nombreux médiums commencent leurs séances en prenant quelques instants pour le nettoyage, le centrage, l'ancrage et la protection. Au début, si vous n'avez pas encore de méthode, contentez-vous de respirer profondément, posez les deux pieds au sol, imaginez que vous êtes entouré de lumière blanche et pure, et prononcez les paroles suivantes :

Je suis protégé, jour et nuit
Par un cercle de lumière blanche.
Aucun mal ne peut entrer ou même s'approcher,
Puisque la paix et la bonté me protègent ici.

Pendant que vous travaillez, continuez à vous visualiser entouré d'un écran protecteur de lumière blanche. Vous pouvez visualiser un cristal comme foyer de cette lumière.

Chaque fois que vous devez faire face à des sources extérieures d'information, souvenez-vous de vous ancrer et de vous protéger avec cet écran de lumière blanche et pure.

Rappelez-vous aussi que vous n'avez pas besoin de donner plus de poids à des sources psychiques d'information que vous ne le feriez pour des conseils provenant d'un ami proche et fiable, surtout si vous ne travaillez pas de longue date avec un guide spirituel particulier. Les conseils ne coûtent rien, même dans le monde des esprits. En fin de compte, vous êtes responsable de vos propres choix, et c'est vous qui devrez vivre avec les conséquences de chacune de vos décisions.

Aller-retour

Si vous voulez savoir de quel côté soufflent les vents du changement, vous pouvez vous faire la main avec la radiesthésie au moyen d'un pendule.

Un pendule peut être n'importe quel objet suspendu à une corde — des anneaux, une perle, ou un bouton —, mais certains des pendules les plus impressionnants sont confectionnés à partir de cristaux.

Les pendules de cristal sont typiquement fabriqués de cristaux percés ou collés pour être suspendus à une chaîne, ou enveloppés d'un fil de fer pour être suspendus à un ruban ou à un cordon de velours. Ils sont magnifiques et ont un énorme avantage sur les pendules confectionnés avec des matériaux usinés : les pendules de cristal sont dotés de forces innées, provenant directement du monde naturel. Si vous connaissez le type de questions que vous poserez probablement, vous pouvez même choisir des pendules de cristal qui se rapportent à ces domaines. Si vous voulez réaliser de la radiesthésie pour obtenir de l'information sur les relations, par exemple, faites l'essai d'un pendule fabriqué à partir d'un cristal rose, comme le quartz rose. Si votre radiesthésie porte sur des problèmes d'argent, faites l'essai d'un cristal vert, comme l'aventurine et l'agate mousseuse. Si vous voulez utiliser votre pendule pour renforcer vos autres outils psychiques, comme les cartes de tarot ou les runes, faites l'essai d'un pendule d'améthyste.

Vous trouverez des pendules dans n'importe quelle boutique métaphysique, et ils sont habituellement peu coûteux, vous pouvez donc en ajouter plusieurs à votre collection. En fin de compte, vous n'avez vraiment besoin que d'un seul pendule, et si vous cherchez un pendule qui soit polyvalent, le quartz clair est toujours un bon choix.

Un savant du XIXe siècle, nommé Michel Eugène Chevreul, a démontré que les pendules se déplacent en réaction à des mouvements musculaires involontaires – des soubresauts imperceptibles et des tics qui résultent de pensées et de vœux d'espoir. Tous ceux qui prétendent que la science nie l'efficacité de la radiesthésie par pendule passent à côté de la question. Un pendule est un outil remarquable pour accéder aux messages et à l'information de votre subconscient, et pour les amplifier.

Si vous souhaitez faire vous-même l'essai de la radiesthésie par pendule, assurez-vous d'abord d'être en harmonie avec celui-ci. Tenez la chaîne, le ruban ou le cordon entre votre pouce et votre index pour que le pendule se balance à environ 15 centimètres sous votre main.

Assurez-vous que le pendule soit immobile. Puis, demandez-lui – silencieusement ou à voix haute – de vous indiquer dans quelle direction il se dirigera pour « oui » et dans quelle direction, pour « non ».

Réalisez cette expérience en le tenant avec votre main droite ainsi qu'avec votre main gauche. Si vous êtes normalement droitier, vous pourriez le tenir dans votre main gauche, que l'on considère généralement représenter votre côté intuitif et réceptif. D'un autre côté, littéralement, vous trouverez peut-être plus facile de le maintenir de façon stable dans votre main rationnelle, la main droite.

Vous pouvez vous servir d'un pendule pour répondre à des questions directes, dont la réponse est oui ou non. Il vous suffit de baisser les yeux sur le pendule, et il indiquera sa réponse de l'une des façons suivantes :

- Oui – d'arrière en avant, comme quelqu'un qui hoche la tête.
- Non – d'un côté à l'autre, comme quelqu'un qui secoue la tête d'un côté à l'autre.
- Peut-être – mouvement diagonal du côté gauche, en bas, au côté droit, en haut.
- Ne veut pas répondre – pivotement en diagonale de la droite, en bas, jusqu'à la gauche, en haut.
- Probablement – cercle dans le sens des aiguilles d'une montre.
- Probablement pas – cercle dans le sens contraire des aiguilles d'une montre.

Une fois que vous et votre pendule êtes synchronisés, vous pouvez commencer à faire de la divination.

Si vous avez une question, posez-la à voix haute. Vous devez être très précis dans la façon dont vous exprimez votre requête. « Devrais-je inviter Kim à la partie de baseball, demain ? » vous donnera une réponse plus claire que « Devrais-je demander à Kim de sortir avec moi ? »

Vous pouvez aussi écrire votre question sur un morceau de papier avec « oui » dans un coin et « non » dans l'autre, pour que votre pendule puisse vous indiquer la bonne direction. En fait, vous pouvez développer un diagramme simple, pour tout usage, avec les mots « oui », « non » et « peut-être ».

Vous pouvez même fabriquer ou trouver une planche pour pendule contenant déjà des mots, des chiffres et des images. Ces planches sont conçues pour révéler les réponses que vous recevez. Les planches professionnelles incluent généralement les mots « oui » et « non » de même que des chiffres, les lettres de l'alphabet et, parfois, les jours de la semaine, les mois ou les saisons de l'année.

Les pendules ne se limitent pas à de simples questions dont la réponse est oui ou non. Si vous cherchez des objets perdus, tenez votre pendule sur une carte de la région où vous effectuez des recherches. Si vous essayez de fixer une date pour un événement important, tenez votre pendule au-dessus d'un calendrier.

Vous pouvez utiliser un pendule pour vous aider à réaliser tout projet psychique, ou à choisir les cristaux à acheter ou à utiliser. Vous pouvez employer un pendule dans vos séances de guérison par les cristaux pour vous aider à déterminer les régions du corps qui ont besoin d'une attention spéciale. Vous pouvez même utiliser un pendule de cristal, lorsque vous faites du *channeling*, pour permettre à vos guides spirituels de communiquer plus facilement avec vous. Vous pouvez également utiliser un pendule pour renforcer vos autres outils. Par exemple, un pendule peut être utilisé pour choisir des cartes de tarot.

Il est très amusant de se servir de pendules, et c'est un moyen extraordinaire de mettre un pied dans le royaume psychique.

Regardez dans ma boule de cristal

Le channeling et la cristallomancie

Que ce soit au cinéma ou à la télévision, tout le monde a déjà vu des bohémiens et des diseurs de bonne aventure fixer leur boule de cristal et faire d'étonnantes prédictions et déclarations.

Nous aimerions tous pouvoir fixer une boule de cristal pour entrevoir l'avenir, mais ce n'est pas vraiment de cette manière que les choses fonctionnent, en réalité. Malheureusement, vous ne serez jamais capable d'agiter la main et de voir une image photographique du bel et sombre inconnu que vous rencontrerez bientôt.

Cependant, vous pouvez vous servir des globes de cristal et des sphères tant pour la méditation que pour la divination. Le processus se nomme « cristallomancie ».

Contrairement à la croyance populaire, vous n'avez pas besoin d'une grosse boule de cristal au centre de votre table. Premièrement, le coût de véritables boules de cristal sculptées à partir d'un seul bloc de cristal peut se révéler prohibitif. Bien que des versions moins coûteuses soient disponibles, elles sont habituellement faites en verre ou en cristal au plomb, fabriquées de quartz fondu et mis en poudre.

Pour prévoir l'avenir en vous servant des cristaux, il vous faut tout simplement un cristal original et naturel d'au moins 50 millimètres de diamètre ; ce qui donnerait environ 160 millimètres de circonférence. C'est juste un peu plus gros qu'une balle de golf.

Vous n'avez pas besoin d'une boule de cristal parfaitement ronde. Vous pourriez plutôt préférer travailler avec un cristal en forme d'œuf, un large ovale, une pyramide ou même une planche de cristal au reflet de miroir.

Il ne vous est pas non plus nécessaire de disposer d'une boule de cristal parfaitement transparente. De fait, un cristal qui contient des voiles, des arcs-en-ciel et des inclusions pourrait finalement être plus efficace, car vous aurez un point de départ plus concret pour vos visions.

Croyez-le ou non, vous n'avez même pas besoin d'un cristal de quartz. N'importe quelle sorte de cristal vous permettra de concentrer votre conscience et de vous glisser dans un état méditatif.

En fin de compte, le choix d'une boule de cristal est probablement la partie la plus difficile de la cristallomancie. Une fois que vous disposez du bon outil, le reste est facile.

D'abord, nettoyez et chargez votre boule de cristal comme vous le feriez pour tout autre cristal de votre collection.

Libérez ensuite un espace où vous pouvez travailler en paix et dans l'intimité, sans être interrompu par la sonnerie du téléphone ou par des curieux. Assurez-vous aussi de la propreté de cet espace, pour que vous ne soyez pas distrait par le désordre ou par le rappel du travail qu'il vous reste à faire.

Diminuez l'éclairage. Si le Soleil passe à travers les fenêtres, baissez les stores ou fermez les rideaux. Votre but est d'éliminer tout reflet brillant sur votre boule.

Allumez une bougie blanche pour diffuser de l'énergie pure et protectrice dans la pièce, mais évitez de la déposer trop près du cristal : vous risqueriez de voir son reflet.

Assoyez-vous, les deux pieds fermement appuyés au sol. Prenez plusieurs respirations profondes, en inspirant par le nez et en expirant par la bouche.

Si vous le désirez, vous pouvez tenir votre boule de cristal entre vos mains, ou la déposer sur un coussin ou sur un support de table.

Imaginez que l'espace autour de vous et la boule de cristal sont remplis de lumière blanche et claire.

Fixez la boule sans détourner le regard. Laisser vos yeux se perdre dans le vague, comme si vous étiez en train de faire un rêve éveillé; ne forcez pas ou ne plissez pas les yeux pour voir dans le cristal. Regardez tout simplement la boule, en vous détendant de plus en plus profondément à chaque respiration, et laissez les visions venir à vous.

Au début, vous aurez peut-être l'impression qu'une brume trouble remplit le cristal, ou que certaines parties de la boule semblent miroiter et se remplir de lumière. Si le cristal comprend des inclusions, elles sembleront peut-être bouger, juste un peu, ou changer de taille ou de forme. Vous pourriez même commencer à percevoir des visions et des images, comme si vous étiez en train de feuilleter un album de photographies ou de regarder un film sur un écran métaphysique.

Ne vous découragez pas si l'expérience n'est pas concluante, surtout au début. De fait, il est très probable que vos premiers efforts à fixer un cristal se transforment en une série d'impressions psychiques plus ternes. Par exemple, il est bien possible que vous ne voyiez rien dans le cristal, mais que vous perceviez une image dans votre esprit. Un mot, une phrase, une expression ou un bout de chanson peut émerger dans votre tête, semblant venir de nulle part. Vous pourriez aussi ressentir un changement de température ou sentir une brise qui souffle doucement sur votre peau. Vous pourriez sentir des fleurs, des fruits ou du parfum. Vous pourriez même recevoir une bribe d'intuition, ou un éclaircissement concernant un problème ou une situation que vous vivez depuis un certain temps.

Tout comme vous faites l'expérience du monde physique à travers une vaste gamme de sens et d'expériences, vous pouvez aussi expérimenter le monde psychique à travers une foule d'événements. Les cristaux et les boules de cristal peuvent vous aider à accéder à vos habiletés psychiques et à les développer, peu importe leur forme.

Si vous commencez tout juste à apprendre la cristallomancie, ne passez que cinq ou dix minutes lors de vos premières séances, et développez progressivement votre concentration. Après chaque séance, inscrivez la date et prenez quelques notes sur votre expérience dans votre journal de cristaux. Placez ensuite votre boule de cristal en lieu sûr.

Selon la tradition, les boules de cristal ne devraient jamais être exposées directement au Soleil et devraient être recouvertes de velours noir ou de soie noire lorsqu'elles ne sont pas utilisées. Certaines personnes disent que les rayons du Soleil vident une boule de cristal de son pouvoir, mais la véritable raison pour recouvrir une boule de cristal est probablement très simple. Lorsque les rayons du Soleil traversent une boule de cristal transparente, ils peuvent facilement provoquer un incendie. Vous pouvez décider de vous-même si vous voulez recouvrir ou non votre boule de cristal, mais ne la rangez pas sur une pile de vieux journaux et ne la conservez pas près du bois d'allumage de votre foyer.

Des amis d'en haut

Bien que le *channeling* — le fait de se connecter au royaume spirituel — puisse sembler un peu sinistre au début, la plupart des gens ont expérimenté le *channeling* sans même s'en rendre compte. Vous vous êtes peut-être endormi un jour pour vous réveiller avec la solution à un problème qui vous obsédait depuis quelques jours. Vous avez peut-être écrit une histoire ou un poème sans beaucoup y penser ou sans faire trop d'efforts conscients — les mots semblaient simplement couler du bout de votre stylo. Quelqu'un peut vous avoir posé une question difficile, et vous avez donné la réponse sans même y réfléchir.

En fin de compte, le *channeling* décrit simplement le fait d'être en contact ou en communication avec un esprit, que vous perceviez cet esprit sous forme d'un guide, d'un ange gardien, du Saint-Esprit, de Dieu ou simplement de votre Moi supérieur.

Les cristaux peuvent vous aider à vous glisser dans un état méditatif où vous pouvez canaliser l'information rapidement, facilement et volontairement, de n'importe quelle source. On rapporte qu'une sorte de cristal – un cristal de *channeling* – est particulièrement efficace pour aider les gens à se connecter avec des sources extérieures d'information.

Les cristaux de *channeling* sont des cristaux de quartz clair qui ont habituellement au moins une face assez large et à sept côtés, à l'une de leurs extrémités, et une face triangulaire à trois côtés, à l'autre extrémité. Certains cristaux de *channeling* sont aussi des morceaux ordinaires de quartz clair enveloppés dans du fil de cuivre.

Si vous voulez faire l'essai du *channeling* avec votre cristal, commencez par le nettoyer et le purifier.

Puis, libérez un espace où vous pouvez travailler en paix et dans l'intimité, sans être interrompu par la sonnerie du téléphone ou par des curieux. Assurez-vous aussi que l'endroit est propre et ordonné pour que vous ne soyez pas distrait.

Diminuez l'éclairage et assoyez-vous dans une chaise confortable, avec vos deux pieds plantés fermement sur le plancher pour vous stabiliser.

Tenez votre cristal de *channeling* entre vos mains et respirez profondément. Regardez le cristal et imaginez en même temps que l'espace qui vous entoure contient une colonne de lumière brillante et blanche, en forme de spirale. Imaginez que cette colonne vous donne de l'énergie et vous inspire à mesure qu'elle tourbillonne autour de vous, dans le sens des aiguilles d'une montre.

Puis, imaginez que le guide spirituel auquel vous souhaitez parler se trouve dans cette lumière et qu'il se matérialise lentement sous vos yeux.

L'esprit n'aura peut-être pas la forme à laquelle vous vous attendez. Il peut venir à vous sous la forme d'un homme ou d'une femme, mais il pourrait tout aussi bien se manifester comme l'esprit d'un petit animal, un elfe à l'apparence de deva ou de fée, une grappe de lumières scintillantes, un tourbillon de couleurs, une volute de fumée, ou simplement une présence invisible et une voix petite et immobile à l'intérieur de votre tête. Il peut se matérialiser devant vous, ou vous pouvez le voir seulement à l'intérieur des confins du cristal lui-même. Lorsque vous travaillez avec un cristal de *channeling*, vous devriez demeurer ouvert à toute possibilité.

Si vous avez de la difficulté à imaginer une telle apparition dans votre maison, essayez de préparer la scène en vous imaginant plutôt dans le monde spirituel. Tout en respirant profondément et en fixant votre cristal de *channeling*, imaginez-vous assis avec le cristal dans un parc tranquille, un pré paisible ou une plage tropicale au coucher du Soleil — n'importe quel endroit où vous vous sentez calme, à l'aise et détendu. Dans le jardin de votre esprit, il vous sera peut-être plus facile de permettre à vos expériences de *channeling* de se dérouler.

Sentez-vous libre de poser des questions, et attendez-vous à recevoir des réponses directes. Vous pouvez les poser à voix haute ou dans vos pensées, en silence. Vous pouvez même préparer une question principale avant votre séance de *channeling* et la noter sur un morceau de papier.

L'information que vous recevez pourrait venir sous forme d'images, de symboles, de pensées ou de sensations. Ce peut être aussi clair que du cristal, ou trouble et confus. Quoi qu'il en soit, n'essayez pas d'anticiper ou de rationaliser l'information que vous recevez durant une séance de *channeling*. Acceptez-la tout simplement, remerciez la source et concluez la séance en imaginant que toute la lumière blanche s'écoule à l'intérieur de votre cristal.

Enregistrez vos expériences dans votre journal de cristaux pour que vous puissiez vous y reporter à mesure que se déroulent les événements. Puis, stabilisez-vous avec de profondes respirations. Levez-vous et poursuivez votre journée.

Même si vous croyez que l'information que vous avez reçue vient en fait de votre subconscient, vous serez toujours en train de canaliser l'énergie d'une source supérieure.

Vous ne devriez pas vous sentir fatigué ou épuisé après une séance de *channeling*. Si c'est le cas, passez plus de temps à vous stabiliser, et imaginez que la lumière blanche vient de l'espace qui vous entoure et non de votre propre corps.

Comme toute pratique métaphysique, vos séances de *channeling* deviendront de plus en plus faciles et intéressantes au fil du temps. Faites-en l'expérience aussi souvent que vous le souhaitez.

Les cristaux et les interprétations métaphysiques

Vous pouvez vous servir de cristaux seuls pour mener des interprétations métaphysiques, ou vous pouvez les utiliser pour renforcer d'autres types de divination. Voici des astuces pratiques pour les incorporer dans une pratique métaphysique plus vaste :

- Servez-vous de cristaux pour nettoyer et purifier vos cartes de tarot : rangez simplement vos cartes avec le cristal de votre choix.

- Lorsque vous donnez des lectures de tarot ou des comptes rendus astrologiques à d'autres personnes, demandez-leur de tenir un cristal. Certaines personnes sont un peu nerveuses durant une lecture ; tenir un cristal entre leurs mains leur permettra d'être mieux stabilisées. Certaines personnes sont aussi un peu distraites ; un cristal peut les aider à se concentrer pour qu'ils puissent mieux écouter l'information que vous présentez.

- Lorsque vous terminez vos séances avec d'autres personnes, remettez-leur un petit cristal ou une pierre polie, cela les aidera à se souvenir de l'expérience.

Beaux rêves

Le monde énigmatique des cristaux la nuit

La plupart des gens ont besoin d'au moins sept heures de sommeil chaque nuit. Cela signifie que si quelqu'un vit 77 ans – la durée de vie moyenne aux États-Unis –, il devra passer plus de 22 ans endormi.

Ce n'est pas du temps gaspillé, la plus grande partie se passe dans le monde des rêves, où nous pouvons vivre des vies parallèles et faire l'expérience de merveilles que nous ne pourrions jamais imaginer durant nos heures d'éveil.

Les psychologues sont souvent fascinés par les rêves. Sigmund Freud a un jour émis l'hypothèse que les rêves étaient la voie royale vers le subconscient, où chacun de nous peut extraire les conflits non résolus de notre vie. Carl Jung croyait que les rêves nous permettaient d'accéder à l'inconscient collectif, un réservoir psychique d'expériences partagées et d'images archétypales. Fritz Perls, le père de la Gestalt-thérapie, émettait l'hypothèse que tout dans un rêve est effectivement un reflet du rêveur et que si l'on comprenait les symboles des rêves, on pourrait mener une vie plus saine et plus intégrée.

Les rêves peuvent aussi être une source d'inspiration, d'idées, de messages et de signes, et vous pouvez utiliser les cristaux pour paver la voie royale vers votre subconscient.

Beaux rêves. Si vous voulez simplement générer de beaux rêves pour vous-même ou pour un être aimé, déposez une petite pierre bleue sous votre oreiller ou un cristal bleu plus large sous votre lit. Utilisez des cristaux qui reflètent les couleurs de la nuit et du ciel de minuit. Faites l'essai de la sodalite, pour l'apparence de nuages blanc clair sous une pleine Lune ; du lapis-lazuli, qui ressemble à des feux d'artifice dans un ciel nocturne ; ou de l'onyx noir, pour les profondeurs de minuit d'un autre Univers.

Rêves lucides. Pour des rêves lucides, dans lesquels vous êtes conscient du fait que vous êtes en train de rêver et où vous contrôlez les événements qui se produisent dans vos rêves, fixez un cristal sur votre chakra du troisième œil, au milieu de votre front. Si vous le pouvez, essayez d'être conscient de ce cristal même lorsque vous dormez, pour vous souvenir de prendre le contrôle de vos rêves et d'y prendre des décisions.

Souvenir d'un rêve. Si vous voulez vous souvenir de vos rêves, programmez un cristal pour enregistrer vos impressions et vos expériences, et gardez-le sur votre table de nuit. Vous aurez encore plus de chance de vous souvenir de vos rêves si vous utilisez ce cristal en combinaison avec des notes écrites sur vos rêves.

Avant d'aller au lit, ouvrez votre journal de cristaux et écrivez : « Ce soir, je vais rêver et je me souviendrai de mes rêves. » Laissez le stylo à portée de la main, pour que vous puissiez noter vos souvenirs aussitôt que vous vous éveillez d'un rêve, avant d'atteindre la pleine conscience.

Également, assurez-vous d'avoir une ampoule à faible puissance dans votre lampe de chevet, afin de ne pas avoir à sortir du lit pour allumer la lumière, et d'éviter que la pièce soit trop éclairée et vous éveille complètement.

Mauvais rêves. Si vous êtes troublé par de mauvais rêves ou par des cauchemars, créez une grille de cristaux autour de votre lit pour capturer et emprisonner toutes les images négatives. Les pierres naturellement dotées de trous sont aussi reconnues pour aider à empêcher les cauchemars.

Oreillers de rêves et cristaux. Il y a plusieurs années, les femmes créaient des oreillers de rêves parfumés pour chaque membre de leur famille. Ces oreillers étaient conçus pour calmer les gens, afin qu'ils s'endorment avec le doux parfum de pétales de fleurs et d'huiles essentielles. Insérez de minuscules cristaux dans vos oreillers de rêves faits à la main, et vous êtes pratiquement assuré d'un agréable voyage au pays des rêves.

Les oreillers de rêves sont faciles à fabriquer, même pour des enfants. Il n'est pas nécessaire que les coutures soient parfaitement droites ; après tout, les oreillers de rêves sont conçus pour être charmants, dans le sens le plus vrai du terme. Vous n'avez pas non plus à vous inquiéter de les fabriquer pour qu'ils soient parfaitement lisses ou parfaitement ronds ; ils sont censés compléter votre oreiller ordinaire et non pas le remplacer.

Pour fabriquer un oreiller de rêves, trouvez deux pièces de tissu doux, de 15 à 30 centimètres carrés. Épinglez les deux morceaux ensemble, l'intérieur du tissu vers l'extérieur. Cousez le tissu sur trois côtés, mais laissez un côté ouvert pour insérer le rembourrage. Enlevez les épingles et tournez l'oreiller pour que le dessus du tissu se trouve à l'extérieur et que les bords cousus se retrouvent à l'intérieur. Remplissez-le de rembourrage, mais laissez un petit nid au centre pour votre insertion d'herbes et de cristaux. (Si vous êtes vraiment pressé par le temps, vous pouvez aussi utiliser un oreiller tout fait, acheté dans un magasin, et ouvrir tout simplement le bord pour insérer vos herbes et vos cristaux.)

Pour l'insertion, servez-vous d'un morceau de tissu en filet ou de mousseline. Placez le filet ou la mousseline à plat et créez un petit monticule de pétales de rose, de boutons de lavande, de calendula ou de camomille. Vous pouvez aussi ajouter des épices d'armoise, de cannelle ou de marjolaine, si vous le désirez. Activez les herbes séchées avec quelques gouttes d'huile essentielle calmante — les huiles de lavande, de menthe poivrée, de rose ou d'eucalyptus sont toutes de bons choix. Ajoutez ensuite un, deux ou trois cristaux ou pierres de votre choix, très petits, bien lisses et polis. Refermez l'insertion avec un morceau de ruban, et attachez-le dans le nid au centre de l'oreiller. Ajoutez un peu plus de rembourrage, mais ne le remplissez pas trop, car l'air doit circuler à travers l'oreiller pour libérer le parfum.

Périodiquement, vous pouvez ouvrir votre oreiller et ajouter d'autres gouttes d'huile essentielle afin de revigorer le parfum.

Bons rêves !

Prenez votre envol

Les cristaux et le voyage astral

Si vous aimez voyager, ou si vous avez simplement besoin de sortir un peu plus de la maison, les cristaux pourraient constituer votre billet pour le plan astral.

Le voyage astral est un exercice de méditation qui ressemble un peu au rêve lucide. Durant le voyage astral, votre conscience quitte votre corps et voyage à travers l'espace et le temps sur le plan astral, un niveau spirituel de réalité rempli de pensées et d'imagerie mentale.

Le voyage astral s'accomplit en grande partie par la visualisation créatrice, ressemblant beaucoup à des rêves éveillés extravagants et à des expressions d'imagination créative. Si vous voulez en faire l'essai, vos cristaux peuvent vous aider à accomplir des progrès dans cette voie.

Tout cristal qui vous soulage, vous calme, ou vous aide à atteindre un état méditatif peut vous donner un élan pour accéder au plan astral. Les pierres associées aux cieux semblent particulièrement appropriées. Faites l'essai de l'angélite, de l'apophyllite, de la célestine, de l'ijolite, de la pierre de Lune, de la sélénite et de la séraphinite. Les cristaux d'origine météorique, comme la moldavite et la tectite, peuvent aussi vous aider à vous transporter comme par magie dans d'autres plans d'existence et dans d'autres univers. Peut-être voudrez-vous même tenir des « moquis », qui sont parfois aussi appelés « pierres de shaman ».

Pour commencer vos voyages astraux, trouvez un moment tranquille où vous pouvez vous étendre sur votre lit. Fermez la porte et débranchez le téléphone pour ne pas être interrompu par des membres de votre famille, des appels téléphoniques ou des visiteurs imprévus.

Puis, choisissez une destination. Peut-être voudrez-vous commencer à petite échelle ; choisissez le quartier où vous avez grandi, la maison d'un ami intime, ou un centre d'achats à l'autre bout de la ville. Si vous vous sentez un peu plus audacieux, vous voudrez peut-être visiter un centre touristique ou un paysage panoramique dans un pays étranger. (Après tout, vous êtes en train de voyager.)

Notez votre destination sur une fiche ou un morceau de papier et déposez-le, la face visible, sur votre lit ou votre table de nuit. Plus tard, si vous êtes surpris de vous retrouver en train de l'observer à partir d'un emplacement situé près du plafond de votre chambre, vous vous souviendrez de l'endroit où vous êtes censé aller.

Si l'idée de laisser votre corps derrière vous vous inquiète, vous pouvez créer une grille protectrice à partir des cristaux de votre choix. Pour votre rentrée, vous pouvez même fabriquer une « piste d'atterrissage » à partir de pierres de quartz clair ainsi que de bouts et de pointes de quartz.

Étendez-vous sur votre lit, à plat sur le dos, avec un cristal dans chaque main. Souvenez-vous que les pierres foncées comme l'obsidienne et l'hématite servent habituellement à vous ancrer, tandis que les pierres claires comme le cristal transparent et la sélénite peuvent vous aider à atteindre de nouvelles hauteurs spirituelles. Peut-être voudrez-vous déposer un cristal sur votre troisième œil psychique, juste au milieu de votre front. Si vous avez des papillons dans l'estomac, déposez aussi un cristal sur votre plexus solaire.

Fermez les yeux. Respirez profondément et détendez-vous complètement, en commençant par vos pieds et en progressant vers votre tête.

Visualisez-vous à l'aide de votre esprit. Visualisez-vous étendu ici même, de façon aussi détaillée que possible.

Puis, imaginez votre Moi psychique, flottant à environ 60 à 90 centimètres au-dessus de votre corps physique, aussi confortablement que si vous étiez en train de vous reposer sur un matelas pneumatique au milieu d'un lac ou d'une piscine.

Certaines personnes disent qu'au début, lorsqu'elles quittent leur corps, elles entendent des bruits, comme un vent gémissant ou la musique d'un orchestre cosmique. Ne paniquez pas pour replonger dans votre forme physique ; contentez-vous de prendre une profonde respiration psychique, et le bruit se calmera.

De votre position au milieu des airs, baissez les yeux vers votre Moi physique, puis regardez dans la pièce où vous vous trouvez. Regardez la note que vous avez laissée pour vous rappeler votre destination, et exercez-vous à vous déplacer dans votre corps psychique. Utilisez vos bras et vos jambes pour vous propulser vers l'avant et vers l'arrière, tout comme si vous étiez en train de nager ou de voler dans l'air.

Puis, imaginez que vous flottez confortablement à travers le plafond ou à travers la fenêtre de votre chambre.

Prenez plaisir à observer d'en haut votre maison, votre cour arrière et votre quartier, et dirigez-vous vers la destination que vous aviez en tête lorsque vous avez entrepris votre expérience extracorporelle. Vous pourriez vous retrouver à voyager en l'air ou être transporté là-bas instantanément.

Sentez-vous libre de regarder autour de vous et d'explorer.

Lorsque vous êtes prêt à revenir à la maison, imaginez-vous de retour dans votre chambre, flottant toujours à quelques mètres au-dessus de votre corps physique. Si vous avez construit un écran de cristaux ou une piste d'atterrissage, admirez votre œuvre et orientez-vous en conséquence.

Laissez-vous glisser à nouveau dans votre corps. Sentez les cristaux dans vos mains, et prenez de profondes respirations pour réintégrer votre corps et votre âme, et pour retrouver votre pleine conscience.

Notez vos expériences et vos intuitions dans votre journal de cristaux.

Magie pratique

Affirmations et charmes

Les cristaux sont dotés de leur propre pouvoir pour inspirer, guider et transformer la réalité. Lorsque vous y ajouterez votre propre magie, sous forme de bonnes intentions, d'affirmations visant à modifier la vie et de « sorcellerie » traditionnelle, vous découvrirez peut-être que vous possédez le pouvoir de changer le monde.

Réalisme magique

Avant de commencer à jeter des sorts et à ensorceler tous ceux que vous rencontrez, il est bon de prendre quelques précautions. Vous pouvez vraiment exercer la magie avec le pouvoir de vos pensées, de vos paroles et de vos actions, mais lorsque vous ajoutez la clarté et la concentration du cristal à vos actions, vous risquez de faire face à des problèmes insoupçonnés. De fait, le processus est si puissant que ceux qui pratiquent la magie ont mis au point certaines directives pour les débutants.

D'abord, faites tout votre possible pour réaliser vos objectifs sans avoir recours à la magie du cristal. Si vous voulez un nouvel emploi, raffinez votre curriculum vitae et commencez à le distribuer. Si vous espérez trouver l'amour, trouvez-vous une nouvelle coiffure et apprenez à danser. Si vous voulez perdre du poids, passez plus de temps à marcher qu'à regarder la télévision. L'action directe est toujours le moyen le plus efficace pour transformer votre vie.

Une fois que vous décidez de renforcer vos efforts avec la magie du cristal, assurez-vous que vos intentions sont bonnes. Élaborez un système de sécurité dans tout votre travail, car vous n'êtes pas toujours en mesure de voir toutes les ramifications de vos actions.

N'essayez pas d'utiliser la magie pratique pour blesser qui que ce soit ; toute négativité que vous déposez dans le monde se retournera probablement contre vous à la fin, et c'est vous qui serez le plus blessé.

N'essayez pas non plus de tromper d'autres personnes. Si vous voulez attirer le regard d'un type qui paraît bien, ou amadouer une femme superbe pour aller dîner et aller au cinéma, servez-vous de votre propre charme, et non du charme de la magie. Oui, vous pouvez faire tourner la chance en votre faveur en chargeant l'environnement qui vous entoure avec vos pensées et votre énergie, mais vous devez toujours être prêt à recevoir un non comme réponse. Interférer avec le libre arbitre de quiconque ne peut qu'apporter un mauvais karma.

Finalement, faites attention à ce que vous désirez. Une fois que vous aurez déclenché une chaîne d'événements, il sera peut-être impossible de les arrêter.

Action affirmative

Les charmes les plus faciles sont les affirmations, une forme de magie pratique qui fonctionne à la fois dans les domaines du conscient et du subconscient. Tant en théorie qu'en pratique, les affirmations rééduquent votre cerveau. Les affirmations peuvent aussi vous aider à penser en termes positifs, donc vous pouvez clairement vous imaginer en train de vivre la vie de vos rêves et vous concentrer sur vos objectifs.

Ajoutez le pouvoir du cristal à vos affirmations, et vous disposerez d'un rappel tangible à suivre à travers les affirmations que vous avez mises au point pour vous-même.

Les affirmations sont remarquablement simples à concevoir. D'abord, pensez à quelque chose de précis que vous voulez dans votre vie. Ne tombez pas trop dans la philosophie ou dans l'abstrait ; soyez clair et direct.

Soyez positif et non négatif. Si vous voulez perdre du poids, concentrez-vous sur l'objectif de poids que vous voulez atteindre, non sur le poids que vous voulez perdre.

Commencez à petite échelle, et vous constaterez des résultats immédiats. Vos affirmations peuvent être aussi pratiques que « je me souviens toujours de changer mon huile tous les 5 000 kilomètres » ou aussi simples et inspirantes que « j'ai une belle allure quand je porte du rouge ». Plus tard, à mesure que votre vie commence à s'améliorer, vos affirmations peuvent devenir plus complexes et prendre de l'envergure.

Écrivez vos affirmations au temps présent, pour que votre esprit puisse immédiatement s'ajuster à votre perspective.

Soyez précis quant aux résultats que vous espérez atteindre, mais soyez ouvert d'esprit sur les moyens à prendre. N'essayez pas de gérer votre destin dans les moindres détails, soyez ouvert à toute possibilité.

Ne vous limitez pas non plus en adoptant une pensée trop avare, surtout lorsqu'il est question de prospérité. Si vous avez besoin de plus d'argent pour payer vos factures, choisissez une affirmation du genre «je veux avoir beaucoup d'argent» plutôt qu'une affirmation du style «je veux en avoir suffisamment».

Pensez à long terme. Établissez des objectifs qui peuvent durer pendant toute votre vie : une relation amoureuse avec une autre personne, de l'argent pour ce dont vous avez besoin – et pour ce que vous désirez –, et un corps fort et en bonne santé, pour que vous puissiez vivre confortablement pendant de nombreuses années. En fin de compte, vous voulez que vos affirmations fassent partie d'une façon de penser permanente, et non pas d'une phase temporaire.

Programmez vos affirmations dans un cristal, puis mettez de côté les affirmations écrites.

Étoiles, lunes, cœurs, trèfles

Porte-bonheurs en cristal

En 2004, lorsque les psychologues de l'University of Hertfordshire, près de Londres, ont étudié l'efficacité des porte-bonheurs, ils ont découvert que les jetons porte-bonheurs sont vraiment efficaces, du moins dans l'esprit de ceux qui les portent.

Au cours de l'étude, les chercheurs ont demandé à une centaine de personnes de porter un sou de l'ère victorienne pendant un mois et de noter tout changement dans leur vie. Ensuite, ils ont essayé de déterminer si les porte-bonheurs avaient fait une différence quelconque, statistiquement, par rapport aux gens qui ne portaient pas de porte-bonheur.

Assez bizarrement, alors que les chercheurs ont déterminé que les porte-bonheurs n'influençaient pas les événements fortuits, comme gagner la loterie, les participants de l'étude se *sentaient* plus chanceux. Presque tous se sentaient plus confiants, plus sûrs, plus optimistes à propos de l'avenir. À la fin de l'étude, 70 % des participants ont même choisi de continuer de porter leur sou chanceux.

Si vous voulez un stimulant psychologique – et un tampon contre le doigt capricieux du destin –, les cristaux pourraient être vos porte-bonheurs.

Les **amulettes et talismans** sont souvent considérés comme équivalents, mais il existe une différence subtile entre eux. Les amulettes sont généralement fabriquées avec des pierres sculptées, alors que les talismans sont habituellement faits de métal gravé, et ornés de cristaux et de pierres incrustés. Les amulettes sont portées pour la protection; on croit qu'elles éloignent les mauvaises choses. On porte les talismans pour la chance; ils sont conçus pour apporter de bonnes choses à ceux qui les portent.

Porte-bonheurs de poche. De petites pierres polies font d'excellents porte-bonheurs, que vous les déposiez dans votre poche ou que vous les transportiez dans un sac à main. Vous pouvez même trouver des pierres polies sur un porte-clés. Les cristaux de chiastolite, communément appelés «croix de fée», sont des porte-bonheurs classiques.

Les **totems** sont des cristaux sculptés sous la forme d'un animal ou d'une créature mythique. Les totems peuvent symboliser votre esprit, vos traditions culturelles ou votre appartenance à une communauté. Les totems vous apportent les dons et les forces associés à chaque forme. Par exemple, un totem en forme d'ours symbolise l'instinct maternel et la protection. Les chats symbolisent l'indépendance, le port royal, l'agilité, les vies multiples et la magie. Les dragons symbolisent un esprit farouche, la protection, et le pouvoir sur les obstacles et les ennemis.

Pierres de souci. Si vous êtes du genre agité et remuant, gardez une pierre de souci près de vous. Les pierres de souci sont des pierres plates, de la taille de la paume de la main, avec une rainure sculptée d'un côté. Frottez tout simplement votre pouce d'arrière en avant sur la rainure et vous transformerez votre énergie nerveuse en chance.

Se sentir bien

Les cristaux pour la santé et la guérison

On parle parfois des cristaux comme d'agents de guérison pour toutes les maladies imaginables, du simple rhume au cancer. Certains guérisseurs par les cristaux rapportent d'étonnants succès avec leurs clients, qui, paraît-il, se rétablissent de maladies et de conditions handicapantes après une séance ou deux en compagnie des pierres.

Mais les meilleurs guérisseurs par les cristaux soulignent un point qui peut faire perdre à la guérison par les cristaux son lustre sous la brillante lumière du jour : les cristaux, en eux-mêmes, ne guérissent personne. C'est plutôt que les cristaux peuvent servir de point central pour l'énergie de guérison et pour la compassion de personnes attentionnées et sensibles. De plus, ils servent de ressource encore meilleure pour ceux qui veulent relancer l'habileté naturelle de guérison propre à leur corps.

Un avertissement

Les cristaux nous rappellent la beauté et la structure de la vie physique, de même que la signification spirituelle que nous assignons aux objets matériels. Les cristaux peuvent aussi être utilisés comme foyer pour l'inspiration et l'illumination, et ils peuvent nous inciter à penser et à vivre de façon plus saine. On peut même les utiliser comme canaux d'énergie guérissante.

Les cristaux peuvent constituer un ajout de grande valeur à votre régime de soins de santé, mais ils ne sont *pas* un substitut à un avis médical professionnel, à un diagnostic ou à un traitement. Si vous souffrez d'un problème d'ordre médical, ou si vous craignez d'en avoir un, vous devriez consulter un fournisseur de soins de santé qualifié.

Autoguérison

Avant de commencer à essayer de guérir les autres avec des cristaux, apprenez comment les cristaux peuvent vous aider à vous guérir vous-même.

Commencez par travailler avec seulement un ou deux cristaux. Essayez de les déposer sur les régions qui vous posent problème — votre cheville douloureuse ou votre mauvais genou, ou ce muscle à l'arrière de votre cou qui se raidit lorsque vous vivez du stress. Vous pouvez même vous servir de ruban adhésif en tissu doux pour les faire adhérer à votre peau. Vous pouvez aussi essayer d'utiliser les cristaux pour déplacer de l'énergie dans l'espace qui entoure votre corps. Ou vous pouvez plonger directement et faire l'essai d'une séance complète de guérison.

Assurez-vous seulement de pratiquer vous-même toutes les techniques avant de les essayer sur une autre personne.

Une séance de guérison typique, étape par étape

D'abord, libérez un espace où vous pouvez travailler dans la paix et dans l'intimité sans être interrompu par la sonnerie du téléphone ou par des passants curieux.

Assurez-vous d'avoir de la place pour vous étendre et vous étirer. Si vous voulez travailler avec une autre personne, assurez-vous qu'il y a de la place pour que vous puissiez bouger tous les deux. Peut-être voudrez-vous travailler dans une chambre, en supposant que vous ayez de la place d'un côté du lit ou de l'autre. Sinon, vouspourriez libérer un espace sur le plancher du salon.

Si vous voulez vous étendre sur le sol, déposez d'abord un matelas ou une couverture douce sur le plancher. Assurez-vous d'avoir quelques coussins à portée de la main ; la plupart des gens ont besoin d'un oreiller sous leur tête pour s'étendre confortablement, et plusieurs apprécient aussi un oreiller ou deux sous leurs genoux.

Habillez-vous de vêtements souples et confortables, et demandez à l'autre personne de faire de même. Un T-shirt blanc uni et un short noir ordinaire sont l'idéal ; ils vous permettront de bouger, et les couleurs n'interféreront pas avec les couleurs des cristaux. Si l'un de vos amis arrive pour une séance de guérison avec une chemise chinée à la teinture ou un pantalon décontracté zébré, ayez à la portée de la main un drap blanc uni pour le draper sur lui.

Il est important de noter que la plupart des séances de guérison par les cristaux ne comportent aucun type de massage ; de plus, le contact se limite à déposer les cristaux et à les retirer. Pour votre propre sécurité et votre protection juridique, assurez-vous que toutes les personnes avec lesquelles vous travaillez demeurent entièrement vêtues.

Avant de commencer, libérez l'espace que vous utiliserez, à la fois physiquement et psychiquement. De toute évidence, vous voudrez probablement épousseter, passer l'aspirateur et enlever tout désordre. S'il y a une poubelle dans la pièce, déplacez-la ou videz-la. Ouvrez les fenêtres et laissez la pièce se remplir d'air frais. Puis, visualisez la pièce qui se remplit de lumière blanche pure, nettoyant toutes les toiles d'araignée cosmiques et chassant toutes les ombres qui ont établi leur camp dans des coins.

Pour améliorer encore plus l'atmosphère, vous pouvez faire brûler des bougies parfumées ou de l'encens. Si vous avez une chaîne stéréophonique à portée de la main, faites jouer de la musique douce en toile de fond.

Apportez vos cristaux dans la pièce, et assurez-vous qu'ils sont propres, clairs et complètement chargés.

Vous devriez programmer vos cristaux de guérison à l'avance. Tenez-les entre vos mains, respirez profondément, et imaginez qu'ils se remplissent d'énergie pure et guérissante. Clarifiez consciemment que leur rôle sera d'assister au processus de guérison dans la séance à venir.

Vous devriez aussi vous assurer que vous avez programmé tous les cristaux que vous utiliserez afin qu'ils ne soient pas nuisibles. De cette façon, si ce ne sont pas les bons cristaux pour le travail, ils ne feront aucun dommage ; ils demeureront tout simplement inertes.

Une fois que vous êtes prêt à commencer, passez la première partie de la séance à penser au travail de guérison à effectuer ou, si vous dirigez la séance pour une personne, passez ce temps à parler avec elle.

La santé physique fera évidemment partie de la conversation, mais dans les séances de guérison par les cristaux, cette discussion servira aussi de porte d'entrée pour un échange beaucoup plus vaste sur le bien-être spirituel, mental et émotionnel.

Vous pouvez utiliser une série de questions types pour commencer une conversation avec quelqu'un qui souhaite une séance de guérison par les cristaux, même si vous êtes celui que vous vous apprêtez à traiter. Si vous travaillez sur vos problèmes de santé, écrivez vos réponses dans votre journal de cristaux.

- Pourquoi êtes-vous venu ? Pourquoi voulez-vous faire l'essai d'une séance de guérison par les cristaux ?
- Pourquoi avez-vous choisi de venir maintenant, et non la semaine dernière, le mois dernier ou à un autre moment dans le futur ?
- Quelle est votre préoccupation de santé la plus pressante ?

- Est-ce principalement physique, spirituel, émotionnel ou intellectuel ?
- Si vous avez un problème de santé, comment a-t-il commencé ?
- Qu'avez-vous essayé jusqu'ici, pour le guérir ?
- Que pensez-vous des résultats obtenus à ce jour ?
- De quelles autres méthodes avez-vous pensé faire l'essai ?
- Avez-vous déjà effectué du travail avec les cristaux, auparavant ?
- Que savez-vous des cristaux ?
- Avez-vous des réserves ou des inquiétudes au sujet du travail avec les cristaux ?
- Qu'espérez-vous obtenir d'une séance de guérison par les cristaux ?

Commencez votre séance de guérison en vous assoyant en silence pendant quelques moments. Pour vous ancrer et vous stabiliser, tenez l'un de vos cristaux préférés entre vos mains et respirez profondément, en inspirant par le nez et en expirant par la bouche. Pendant que vous respirez, détendez progressivement tous les muscles de votre corps, en commençant par vos pieds et en montant jusqu'à votre tête. Si vous travaillez avec quelqu'un d'autre, assurez-vous que cette personne est étendue et guidez-la à travers une détente progressive.

Frottez-vous les mains rapidement ensemble pour les sensibiliser au champ d'énergie de l'aura, qui est situé autour du corps humain. Puis, promenez lentement vos mains autour du champ de l'aura, sans toucher le corps lui-même. Gardez vos mains distantes de sept à dix centimètres de votre peau.

S'il vous semble que l'énergie ne circule pas dans une région, déposez un cristal de quartz clair à cet endroit. Vous le laisserez là jusqu'à ce qu'il tombe ou roule de lui-même — un signal évident que son travail est terminé. Pour une guérison durable, vous pouvez, à l'occasion, attacher un petit cristal lisse sur une région problématique. Servez-vous d'un ruban adhésif de tissu doux conçu pour être utilisé avec des bandages, afin de ne pas infliger plus de souffrance par inadvertance à vous-même ou à vos amis qui souffrent depuis longtemps.

Suivez votre intuition et expérimentez avec des couleurs, des procédés et des techniques de mesure du temps variés.

Vous pouvez aussi vous servir de cristaux comme outils pour balayer métaphoriquement tous les débris et saletés émotionnels, pour vous débarrasser de blocages ou pour absorber de l'énergie négative.

Ne soyez pas surpris si une séance de guérison par les cristaux semble générer des émotions puissantes. Soyez prêt à terminer une séance dès que vous le désirez, mais pour la plus grande partie, vous devriez simplement savoir que pleurer et ressentir un grand soulagement sont des réactions normales.

À la fin de votre séance de guérison, respirez profondément pour vous redonner de l'énergie et vous éveiller au monde quotidien. Passez quelques minutes à parler de l'expérience ou à répondre à toute question que pourrait se poser votre ami.

Notez par écrit les cristaux que vous avez utilisés durant chaque séance, en même temps que des diagrammes de leur position, dans votre journal de cristaux.

Nettoyez et purifiez vos cristaux, puis rangez-les.

Guérison par la lumière

La façon la plus simple de vous guérir ou de guérir d'autres personnes, c'est de vous servir d'un cristal transparent en forme de baguette. Utilisez-le pour visualiser une lumière blanche curative qui entre dans votre corps à travers le sommet de votre tête, et qui canalise cette énergie à travers vous avant de la faire sortir par le bout du cristal que vous tenez dans votre main.

Lorsque vous agissez comme un canal pour l'énergie guérissante, plutôt que comme une source, et que vous travaillez avec d'autres personnes, vous pouvez maintenir vos propres réserves d'énergie et de force. Vous déplacerez tout simplement de l'énergie cosmique à travers votre corps et, possiblement, vous connaîtrez vous-même un regain de vigueur à travers ce processus.

Vous pouvez aussi employer les cristaux – de n'importe quelle forme et de n'importe quelle taille – pour ressentir intuitivement les régions problématiques, les déséquilibres et les blocages d'énergie, et pour déplacer de l'énergie curative dans ces régions et autour d'elles.

Guérison par la couleur

Quand vous connaissez les propriétés spéciales des cristaux de votre collection — surtout les propriétés basées sur la couleur —, vous pouvez consciemment choisir des cristaux que d'autres personnes doivent tenir entre leurs mains lorsqu'elles parlent des problèmes qu'elles doivent affronter. Les cristaux que vous choisissez peuvent les aider à se concentrer, à communiquer et à canaliser l'énergie dans la sphère appropriée.

La couleur est une considération importante. Chaque couleur de cristal incorpore des propriétés qui nous affectent psychologiquement. Vous pouvez même stimuler ces propriétés en imaginant que les cristaux teignent l'air qui vous entoure. Respirez profondément et imaginez la couleur qui remplit votre corps, oxygénant votre système sanguin, se déplaçant et circulant en vous à chacune de vos respirations et à chaque battement de votre cœur. De cette façon, vous pouvez vous imprégner de la tête aux pieds avec les vertus guérissantes de la couleur que vous tenez dans votre main.

Le **blanc** représente la pureté spirituelle, l'innocence, la pensée supérieure et la conscience supérieure.

Le **noir**, associé à la Terre, est stabilisant et physique. Employez des cristaux noirs pour stabiliser vos pensées, vos sentiments, vos actions et vos émotions, et pour vous sentir davantage maître de votre vie et de votre santé.

Le **gris**, la couleur des ombres, de la fumée et du brouillard, peut vous aider à éloigner tout ce qui obscurcit votre vision ou ennuage votre perspective.

Le **rouge**, la couleur du sang, de la passion, de la colère et de l'alarme, peut vous aider à traiter des questions de vie et de mort.

Le **rose** est réconfortant, calmant et apaisant. Pour la guérison émotionnelle, servez-vous de cristaux roses.

L'**orange**, la couleur de l'étincelle et de la flamme, peut vous aider à vous sentir rempli d'énergie, vigoureux et alerte.

Le **jaune**, comme le Soleil, représente l'énergie et le renouveau. Le jaune est aussi associé à la clarté, à la logique et à la pensée rationnelle.

Le **vert** est la couleur de la nature, de la fertilité et de la créativité. Utilisez des cristaux verts pour le renouveau, la croissance et la santé en général.

Le **bleu**, la couleur tranquille de la mer et du ciel, peut vous aider à améliorer votre santé par la relaxation et la méditation. Vous pouvez aussi vous servir de cristaux bleus pour adoucir et calmer les problèmes qui semblent trop intenses, incluant les problèmes physiques comme la fièvre.

L'**indigo**, la couleur du ciel de minuit, symbolise la profonde contemplation, la sagesse, la maîtrise de soi et la réalisation spirituelle. Utilisez des cristaux indigo quand vous voulez accéder à la sagesse cosmique.

Le **violet** est la couleur de la royauté. Le violet décorait autrefois les empereurs, les rois et les reines, et la couleur représentait leur puissance et leur souveraineté sur les autres. Par conséquent, toutes les nuances violettes ont une connotation de luxe, de richesse et de raffinement.

Le **brun**, la couleur de la terre, peut vous aider à vous sentir plus stable et à planter les semences d'une meilleure santé.

Les cristaux **transparents** symbolisent la clarté de la pensée et de la vision. Certains croient que les cristaux transparents vont aussi amplifier l'énergie et les propriétés d'autres facteurs. Servez-vous de cristaux transparents lorsque vous voulez penser clairement ou vous concentrer intensément sur n'importe quel problème.

Les cristaux **arcs-en-ciel** nous rappellent l'espoir, le pardon et la beauté qui suit une tempête dévastatrice.

Guérison par les chakras

Le mot «*chakra*» provient du sanscrit et signifie «roue» ou «disque». Les chakras forment le système d'énergie du corps humain. Chaque chakra est associé à un aspect distinct de la vie. Chacun, comme un rotor, aide à la circulation de l'énergie – spirituellement, émotionnellement, intellectuellement et physiquement. Lorsque vos chakras sont équilibrés, l'énergie circule librement, et vous vous sentez fort et en bonne santé.

Chaque chakra est associé à une couleur, et les couleurs correspondent directement aux couleurs de l'arc-en-ciel qui font partie du spectre de lumière visible : rouge, orange, jaune, vert, bleu, indigo et violet.

Si vous déposez des cristaux colorés sur les chakras, vous les imprégnez d'une nouvelle énergie, vous ralentissez les chakras qui tournent trop vite, vous accélérez ceux qui tournent trop lentement et, en fin de compte, vous les aidez tous à s'équilibrer.

Le premier chakra, que l'on appelle également « chakra de la base » ou « chakra de la racine », est situé à la base de la colonne vertébrale. Le premier chakra est associé aux problèmes de survie, à l'existence physique et aux préoccupations matérielles comme la nourriture, les vêtements et le logement. Lorsque le premier chakra est bloqué ou déséquilibré, vous pouvez ressentir de l'insécurité, de la frayeur ou vous aurez l'impression d'être une victime. Vos pieds, vos jambes et le bas de votre dos sont peut-être douloureux. Mais lorsqu'il est équilibré, vous vous sentez fort et en bonne santé, vous avez hâte de sortir du lit le matin et de commencer la journée.

Le premier chakra est rouge, vous pouvez donc y déposer des cristaux rouges, comme les grenats ou les rubis. Mais, étant donné que le premier chakra se développe en descendant vers vos pieds et vers le sol sur lequel vous marchez, vous pouvez aussi déposer des cristaux noirs et bruns, pour leurs qualités de stabilisation. Faites l'essai de l'hématite, de l'obsidienne ou du quartz fumé.

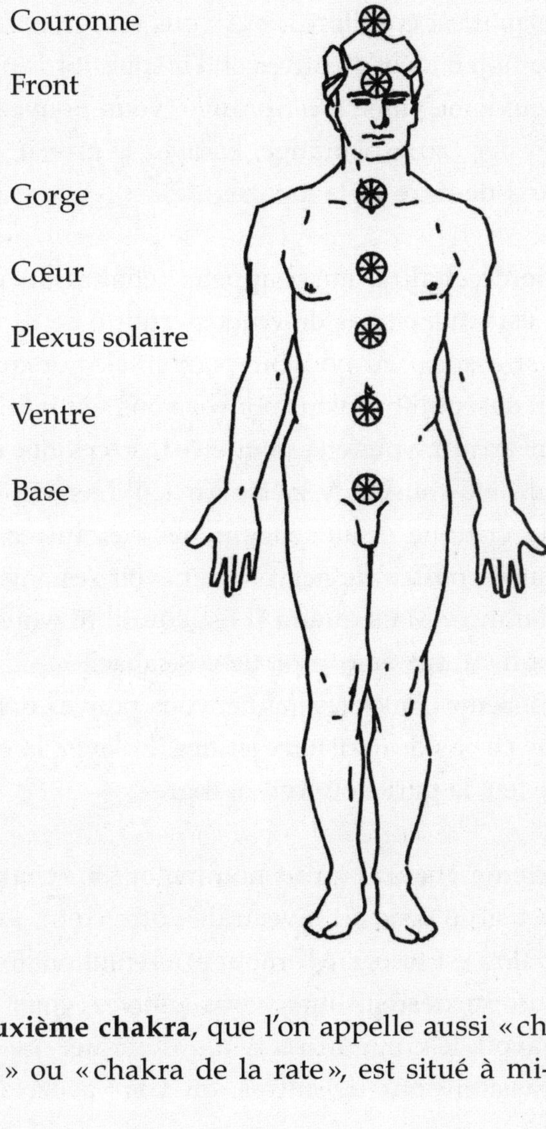

Le deuxième chakra, que l'on appelle aussi « chakra du ventre » ou « chakra de la rate », est situé à mi-chemin entre votre os pelvien et votre nombril. Le deuxième chakra est associé à la sexualité et à la créativité. Lorsqu'il est bloqué ou déséquilibré, il se peut que vous ne vous sentiez pas inspiré. Vous souffrez peut-être de dysfonction sexuelle, d'infertilité ou de problèmes circulatoires. Mais lorsqu'il est équilibré, vous vous sentez vif, séduisant, et rempli d'idées créatives et d'inspiration.

Le deuxième chakra est orange, vous pouvez donc y déposer des cristaux orange. Essayez le grenat, la cornaline, l'œil-de-tigre ou la topaze.

Le troisième chakra, aussi appelé « chakra du plexus solaire », est situé en bas de votre sternum. Le troisième chakra est associé au pouvoir personnel. Lorsqu'il est bloqué ou déséquilibré, vous pouvez vous sentir faible ou facilement abattu. Vous êtes peut-être trop critique envers vous-même, ou vous pouvez être particulièrement vulnérable à la critique et aux jugements des autres. Vous pouvez aussi souffrir de nervosité et avoir l'estomac facilement dérangé. Mais quand il est équilibré, vous vous sentez confiant, sûr de vous et de vos capacités.

Le troisième chakra est jaune, vous pouvez donc utiliser dans ce cas des cristaux jaunes. Essayez la citrine, l'opale de feu, la pyrite ou l'œil-de-tigre.

Le quatrième chakra, qu'on nomme aussi « chakra du cœur », est situé juste au niveau de votre cœur. Le quatrième chakra est associé à l'amour et à l'émotion ; lorsqu'il est bloqué ou déséquilibré, vous pouvez vous sentir seul ou avoir le cœur brisé. Vous manquez peut-être de compassion pour les autres, ou vous avez le cœur ultra-sensible. Vous pouvez même connaître des problèmes cardiaques. Mais lorsque le quatrième chakra est équilibré, vous sentez que vous méritez d'être aimé, et vous pouvez aimer les autres en retour. Vous êtes prêt à pardonner aux autres pour les anciennes blessures, à vous pardonner à vous-même vos erreurs passées, et à être persuadé que tout finira pour le mieux.

Le quatrième chakra est vert, vous pouvez donc utiliser les cristaux verts à cet endroit. La sanguine est particulièrement appropriée ; vous pouvez aussi faire l'essai de l'aventurine, de l'émeraude, du jade ou de la malachite. Vous pouvez aussi vouloir faire l'expérience des cristaux roses, car ils sont associés à la guérison émotionnelle et au bien-être ; essayez le quartz rose, la kunzite rose, la rhodochrosite ou la rhodonite.

Le **cinquième chakra**, aussi connu sous le nom de « chakra de la gorge », est situé au niveau de votre gorge. Le cinquième chakra correspond à vos habiletés de communication. Quand il est bloqué ou déséquilibré, vous pouvez vous sentir frustré et incapable de vous exprimer clairement. Vous pouvez parler trop ou avoir de la difficulté à écouter les autres. Vous pouvez même, dans une sorte de fixation orale mal placée, manger ou boire trop, et vous serez facilement sujet à des problèmes dentaires ou à des maladies des gencives. Mais quand le chakra de la gorge est équilibré, vous arrivez à communiquer à la fois vos pensées et vos émotions — y compris des émotions comme la colère et la frustration — de façon claire, calme et analytique. Vos paroles prononcées et écrites peuvent vous aider à établir les fondations pour des relations saines et à fixer des objectifs que vous pouvez atteindre.

Le chakra de la gorge est bleu, vous pouvez donc utiliser des cristaux bleus à cet endroit. Essayez l'aigue-marine, l'agate à dentelle bleue, la sodalite et la turquoise.

Le **sixième chakra**, aussi appelé « chakra du troisième œil », est localisé au centre de votre front. Le sixième chakra est le centre de votre imagination et de votre esprit psychique. Lorsqu'il est bloqué ou déséquilibré, vous pouvez avoir de la difficulté à voir la réalité du monde physique. Vous pouvez sembler erratique, ou même un peu fou. Vous pouvez également être un peu trop collet monté, étroit d'esprit ou incapable d'imaginer un monde au-delà de l'univers linéaire physique et rationnel. Mais lorsque le sixième chakra est équilibré, vous pouvez combiner votre intuition et votre intellect. Vous êtes capable d'entendre votre sixième sens et d'en tenir compte, et vous pouvez utiliser la visualisation créatrice pour manifester vos espoirs et vos rêves.

Le sixième chakra est indigo, vous pouvez donc employer ici les cristaux indigo. Essayez la charoïte, l'œil-de-faucon, le lapis-lazuli et la sugilite.

Le **septième chakra**, aussi appelé « chakra de la couronne », est situé juste au-dessus du sommet de votre tête. Le septième chakra est votre connexion à la spiritualité, à votre Moi supérieur et au Divin. C'est aussi le point d'entrée pour toute l'énergie qui entre dans votre corps et descend à travers le reste de vos chakras.

Le septième chakra est violet, vous pouvez donc utiliser des cristaux violets, ici. Essayez l'améthyste, la fluorite, ou la tourmaline violette.

En raison de son association avec l'esprit, vous pouvez aussi employer des cristaux transparents sur le septième chakra, comme le quartz clair, la danburite, les diamants Herkimer et la sélénite.

Pendules et guérison par les chakras

Si vous possédez un pendule de cristal sur une chaîne — ou un cristal enveloppé de fil métallique suspendu à un ruban ou à un cordon de velours —, vous pouvez l'utiliser pour déplacer l'énergie autour de vous et à travers chaque chakra.

D'abord, assurez-vous que vous êtes harmonisé à votre pendule. Tenez la chaîne, le ruban ou le cordon entre votre pouce et votre index, pour que le pendule lui-même se balance à environ 15 centimètres en dessous de votre main. Assurez-vous que le pendule est immobile, puis demandez-lui — silencieusement ou à voix haute — de vous montrer dans quelle direction il se dirigera pour « oui » et dans quelle direction il se dirigera pour « non ».

Une fois que votre pendule et vous êtes synchronisés, suspendez le pendule au-dessus de chaque chakra, un à la fois. Demandez au pendule de déterminer quel chakra a besoin d'attention.

Vous pouvez aussi utiliser votre pendule pour équilibrer les chakras. Votre intention devrait être de ralentir tout chakra qui semble suractivé et d'ouvrir tout chakra qui est bloqué.

Tenez la chaîne entre votre pouce et votre index de cinq à huit centimètres au-dessus de chaque chakra. Au lieu de tenir le pendule immobile, faites-le pivoter, dans le sens des aiguilles d'une montre et dans le sens contraire des aiguilles d'une montre, en faisant glisser votre pouce d'arrière en avant. Le mouvement pivotant nettoiera tous les blocages et aidera à assurer que l'énergie se déplace à la bonne vitesse.

Grilles et plans de guérison

Les chakras se connectent à travers un réseau de lignes d'intersections et de voies appelées « méridiens », avec des points de digitopuncture à chaque intersection. En d'autres mots, votre corps tout entier devient un champ électromagnétique qui vit et respire, une grille complexe de chakras, de lignes de méridiens et de points de digitopuncture.

Vous pouvez utiliser cette grille comme un cadre pour déposer des cristaux et des pierres durant une séance de guérison. Si vous connaissez la digitopuncture ou l'acupuncture, vous pouvez déposer des pierres sur les points de digitopuncture, ou utiliser des baguettes de cristal ou des pointes génératrices pour déplacer l'énergie le long des lignes des méridiens.

Vous pouvez aussi augmenter le système d'énergie intégré du corps avec des grilles de guérison basées sur les motifs de la géométrie sacrée.

Grilles et plans de chakra. Pour commencer, choisissez un motif simple inspiré par le chakra. Posez un cristal transparent au-dessus de la tête, puis descendez, déposant une pierre correspondant au code de couleurs sur chaque chakra, un cristal noir sous les pieds et une pointe de cristal transparent dans chaque main. Puis, activez les cristaux en visualisant une ligne blanche de lumière connectant toutes les pierres et permettant à leur énergie de circuler librement à travers votre client dans le champ de son aura et autour de lui. Vous pouvez activer l'énergie avec vos mains ou avec un cristal en forme de baguette.

N'oubliez pas que les chakras traversent tout le corps, pas seulement la partie avant. Durant une séance de guérison par les cristaux, les gens peuvent s'étendre sur le ventre ou sur le dos.

Laissez les cristaux en place pendant cinq ou dix minutes, ou jusqu'à ce qu'ils commencent à rouler et à se déplacer. Puis, enlevez les cristaux, un à la fois, en commençant par les mains et les pieds, et en vous déplaçant vers la tête.

Mais, tant que les cristaux accomplissent leur travail, reposez-vous tout simplement et respirez profondément. Si vous êtes en train de réaliser une séance de guérison par les cristaux pour une autre personne, rappelez-lui aussi de se détendre et de respirer profondément.

Vous pouvez aussi concevoir vos propres grilles. Vous pouvez les déposer directement sur le corps ou simplement les utiliser à proximité.

La plupart des grilles de guérison sont basées sur des motifs géométriques simples, avec une pierre de pouvoir au centre et une panoplie d'autres cristaux de guérison dans le reste de la grille. Si vous le désirez, vous pouvez aussi utiliser des pointes de quartz pour lier les cristaux, l'énergie voyagera alors dans la direction de leurs pointes ou terminaisons.

Cercle sacré. Peut-être voudrez-vous déposer des pierres de façon à former un cercle sacré, le symbole de l'unité et de la plénitude.

Magie en spirale. Vous pourriez arranger vos cristaux en forme de spirale pour représenter le courant d'énergie à travers l'Univers.

Sainte Trinité. Peut-être aimeriez-vous regrouper vos cristaux en groupes de trois, pour représenter les Saintes Trinités comme la jeune fille, la mère et la grand-mère, ou le Père, le Fils et le Saint-Esprit. Vous pouvez construire une grille de forme triangulaire avec seulement trois cristaux, ou vous pouvez essayer de déposer trois cristaux au sommet et en bas de la grille, trois dans le centre, et trois sur les côtés.

Quatre coins. Essayez de construire une grille avec un cristal de guérison aux quatre points cardinaux. Peut-être aimerez-vous que chaque cristal représente un élément, comme la terre, l'air, le feu et l'eau, ou des domaines distincts de la vie, comme l'intellectuel, le spirituel, l'émotionnel et le physique. Si vous projetez de vous étendre au centre de la grille, assurez-vous que vous êtes physiquement aligné sur les directions cardinales, soit le nord et le sud, ou l'est et l'ouest.

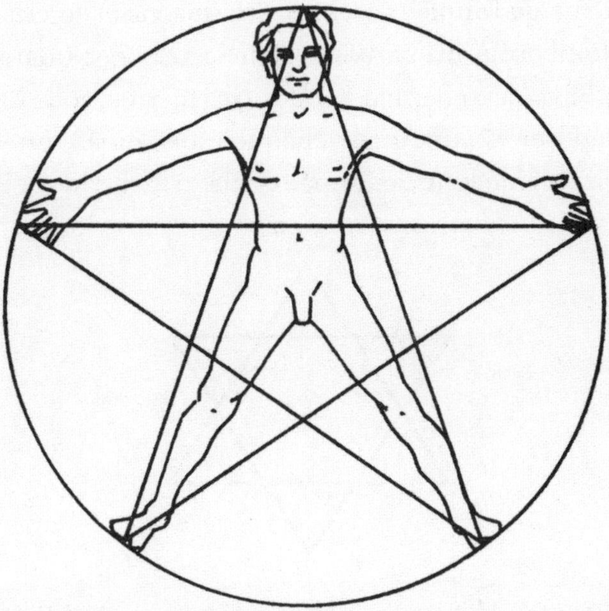

Pentagramme. Lorsqu'une personne se tient les jambes écartées et les bras étirés, elle forme un pentagramme grandeur nature, une étoile à cinq pointes. C'est une formation naturelle pour une grille de guérison. La tête est au sommet, et les mains et les pieds complètent le modèle. Le pentagramme est un symbole de tout ce qui est bon dans l'humanité.

L'étoile de David est un motif populaire pour les grilles et plans de guérison. Les deux triangles qui forment l'étoile symbolisent l'union de la matière et de l'esprit.

Roue de l'année. Peut-être voudrez-vous faire l'essai d'une grille de guérison à huit cristaux, un pour chaque huitième de l'année, basée sur les saisons et sur les jours qui tombent à mi-parcours de chacune des quatre saisons. Si vous voulez ajouter d'autres pierres, vous devriez en déposer 12, une pour chaque mois, ou 13, une pour chaque pleine lune de l'année civile.

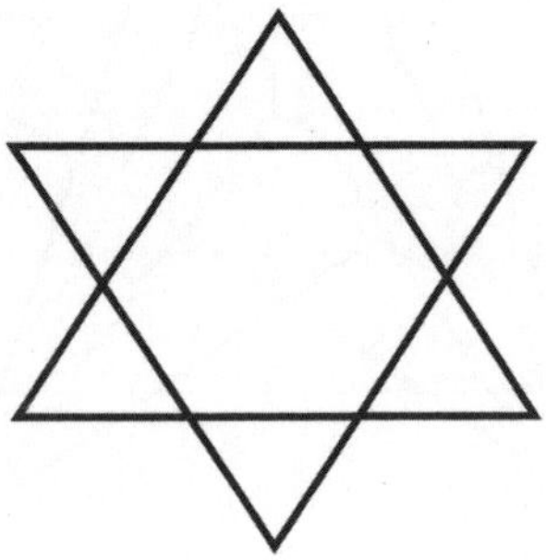

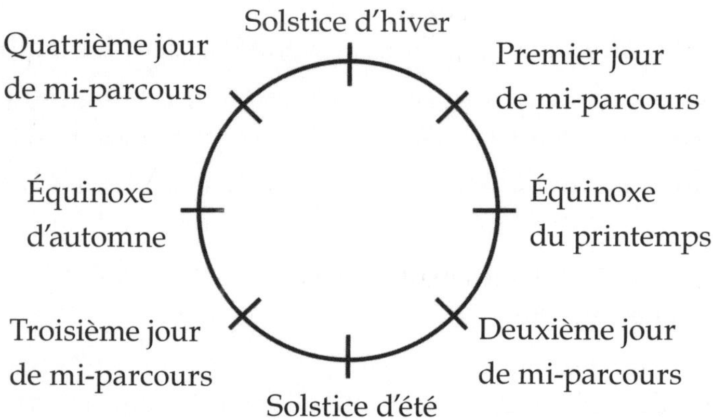

Grilles tout usage. Vous pouvez mettre au point des grilles pour toutes sortes d'objectifs : prospérité, protection, créativité ou renouveau. Choisissez simplement des cristaux qui correspondent à vos intentions.

Vous pouvez installer des grilles autour de votre maison, dans un jardin ou à l'intérieur de votre maison. Vous pouvez construire des grilles sur le sol ou les poser sur des tables. Vous pouvez les placer sous les lits ou sous les tables de massage, ou les exposer sur un autel.

Vous pouvez faire un croquis d'une grille ou l'imprimer sur une feuille de papier, ou la tracer à l'œil.

Vous pouvez fabriquer des grilles portatives en les construisant dans un contenant. Vous pouvez utiliser une assiette, un plat de céramique, un carreau ou un morceau de bois. Vous pouvez même mettre en place des grilles de cristaux par-dessus des cristaux plus larges. Si vous voulez minimiser le mouvement des cristaux sur votre grille, remplissez d'abord votre base avec du sable ou de la tourbe. Vous pourriez même attacher vos cristaux à une grille véritable, comme sur un cadre fabriqué de fil de cuivre.

Si vous voulez construire une grille complexe, vous préféreriez peut-être créer un mandala. De manière générale, on construit les grilles et on les laisse accomplir leur travail, alors que les mandalas sont créés comme une forme de méditation active et concentrée.

Bains de guérison

Presque rien n'est aussi relaxant — et revigorant — que de prendre un long bain dans la baignoire. Apportez vos cristaux dans le bain et vous pourrez littéralement baigner dans leurs propriétés curatives.

Pensez à utiliser des cristaux à base de quartz qui ne se dissoudront pas ou ne perdront pas leur lustre dans l'eau. Le quartz clair, le quartz rose, le quartz neige et la citrine sont idéaux.

Faites couler le bain comme vous le feriez normalement. Vous pouvez ajouter des bulles ou des huiles essentielles relaxantes comme la lavande et la camomille, ou même vous laisser tenter par quelques pétales de fleurs flottants.

Trouvez-vous un oreiller de bain ou roulez une serviette que vous placerez sous votre tête. Allumez des bougies, baissez les lumières et mettez l'un de vos disques compacts préférés ou une cassette de méditation.

Alignez vos cristaux sur le côté de la baignoire pour que vous puissiez les amener dans l'eau une fois que vous serez submergé. Ne les jetez pas avant d'y entrer, vous risqueriez de marcher ou de glisser dessus au moment où vous entrerez dans la baignoire. Ainsi, vous ne vous assoirez pas non plus sur un cristal pour finir par vous retrouver plus imprégné de son essence que vous en aviez l'intention.

Si vos cristaux et vos pierres sont très petits et que vous craignez qu'ils tombent dans le drain, attachez-les dans un morceau de tissu, ou glissez-les dans un sac de mailles ou de plastique. Leur énergie et leur essence pourront quand même circuler dans l'eau de votre bain.

Élixirs de guérison

Les élixirs de cristal transparent sont une façon amusante d'incorporer le pouvoir de guérison des cristaux à votre vie quotidienne ; de plus, les fabriquer est remarquablement simple.

Pour commencer, choisissez un cristal qui correspond au type de guérison que vous aimeriez expérimenter — spirituelle, émotionnelle, mentale ou physique.

Le quartz clair fera un bon élixir pour tous les usages. Mais vous pouvez aussi fabriquer des toniques plus spécialisés avec des pierres de quartz colorées, comme l'améthyste, la cornaline, la citrine, le quartz rose et le quartz neige.

Vous devriez éviter d'utiliser du quartz fumé, car sa couleur foncée résulte de radiations. Dans de nombreux cas, cela se produit naturellement et c'est tout à fait inoffensif, mais la radiation est toujours quelque chose que la plupart des gens ne veulent pas consommer, même sur un plan symbolique.

Vous devriez aussi demeurer à l'écart des cristaux tendres, qui se dissoudront ou se dégraderont dans l'eau. Même si en eux-mêmes, ils ne peuvent vous faire du tort, ils pourraient libérer des toxines et des bactéries en se dissolvant, et, bien sûr, vos cristaux seraient alors endommagés. Je recommande les variétés de quartz dur.

N'utilisez pas des pierres colorées artificiellement, les teintures pourraient être toxiques. Et ne fabriquez pas d'élixirs avec des pierres métalliques. La galène, par exemple, est principalement composée de plomb, que personne ne devrait consommer. D'autres pierres pourraient contenir de l'aluminium, de l'arsenic, du baryum, du cadmium, du cuivre, du plomb ou du mercure. Même dans des quantités infimes, de tels métaux pourraient être dangereux.

En d'autres mots, ne fabriquez pas d'élixir à partir de tout cristal ou pierre qui contient du métal. Si vous ne connaissez pas la composition chimique de vos cristaux, évitez tout simplement les pierres vertes et bleues, car elles prennent habituellement leur couleur du cuivre, de même que toute pierre qui semble contenir du métal. Si vous n'êtes pas certain de savoir si un cristal est sécuritaire pour en faire un élixir, ne l'employez pas.

Une fois que vous avez choisi un cristal sécuritaire pour votre élixir, nettoyez-le, au sens littéral du mot. Utilisez un linge humide et un peu de savon à vaisselle. Frottez le cristal et rincez-le minutieusement.

En même temps que vous nettoyez physiquement votre cristal, nettoyez-le aussi psychiquement. Imaginez que le savon et l'eau dont vous vous servez sont en train de le purifier de toute énergie négative.

Puis, déposez votre cristal dans un bocal de verre uni. Il devrait être vraiment uni : les étiquettes, les mots, les designs ou les motifs sur le pot pourraient imprégner votre élixir de propriétés additionnelles ; pelez donc cette étiquette de cornichons… à moins que vous ne *vouliez* épicer votre esprit avec un soupçon de petits cornichons à l'aneth. (Cependant, si vous voulez intentionnellement bénir votre élixir d'un vœu précis, tel qu'« harmonie », « équilibre » ou « bien-être », n'hésitez pas à écrire le mot sur le bocal ou ajoutez une étiquette que vous avez créée vous-même.)

Remplissez le bocal d'eau purifiée, d'eau de source ou d'eau distillée, et couvrez le dessus du pot avec une enveloppe de plastique ou un morceau de tissu propre.

Déposez le bocal dans un endroit ensoleillé pendant deux à quatre heures, ou laissez-le toute la nuit à la lumière de la Lune. Vous pourriez même vouloir charger votre élixir avec le pouvoir d'une planète ou d'une constellation particulière : vous n'avez alors qu'à l'exposer au corps céleste de votre choix.

Une fois que votre élixir a absorbé le pouvoir de votre cristal, du Soleil, de la Lune ou des étoiles, ajoutez une once de brandy pour le stabiliser et le préserver. Scellez-le dans un contenant de verre et rangez-le dans une armoire ou au réfrigérateur.

Ne buvez pas l'élixir pur : lorsque vous êtes prêt à l'utiliser, ajoutez-en tout simplement une goutte ou deux à un verre d'eau ordinaire ou à un jus. Vous pouvez aussi en ajouter une goutte ou deux à votre parfum ou à votre eau de Cologne.

Guérison des plantes

Vous pouvez stimuler la santé, la croissance, la couleur et la force de vos plantes en déposant des cristaux dans leurs pots ou en les arrosant avec de l'élixir de cristal. Presque tous les cristaux par lesquels vous vous sentez attiré intuitivement seront efficaces. Quoi qu'il en soit, vous devriez être conscient que les pierres tendres comme le calcite, la célestine, la lépidolite et la malachite peuvent être endommagées par l'eau. Les pierres tendres peuvent aussi s'infiltrer dans le sol. Si elles sont larges ou assez nombreuses, l'addition de nouveaux minéraux dans le sol peut en déséquilibrer le pH et affecter la croissance des plantes d'une façon que vous n'aviez pas prévue lorsque vous avez planté des cristaux dans le sol.

À l'entrée de votre jardin, vous pouvez installer des sentinelles de cristal ou des monticules de pierres – des piles de pierres en formes de pyramide – pour servir de foyers d'énergie.

Vous pourriez entourer votre jardin avec des gardiens de cristal protecteurs, destinés à éloigner les cerfs et les lapins.

Vous pouvez même placer un cercle médicinal décoratif ou un motif astrologique dans le centre de votre jardin.

Traditionnellement, on dit que l'agate mousseuse verte est la pierre du jardinier, mais toutes les pierres vertes, qui symbolisent la santé et la croissance, sont de bons choix pour un jardin.

Guérison des animaux de compagnie

La guérison par les cristaux ne se limite pas aux humains ; vous pouvez adapter toute technique présentée dans ce livre pour travailler avec vos amis les animaux. Votre chien ou votre chat peut rester étendu et immobile pendant que vous déposez des cristaux sur son corps ou autour de lui ; vous pouvez aussi envelopper des cristaux avec du fil métallique et les attacher à leur collier, ou coudre de petites pierres dans leurs oreiller et lit personnels.

Guérison à distance

Si une personne vous en a donné la permission, vous pouvez déposer des cristaux autour de son portrait ou sur une carte de l'emplacement où elle vit, pour lui envoyer de l'énergie de guérison à distance. Si celle-ci ne vous a pas donné la permission de lui envoyer de l'énergie de guérison, ce pourrait être une violation de sa vie privée et une interférence avec sa voie personnelle. Dans ce cas, vous pouvez toujours envoyer votre amour et vos bons souhaits en exposant vos cristaux avec cette intention.

Éthique pour la guérison

Avant de commencer à partager vos techniques de guérison par les cristaux avec d'autres personnes, vous devriez être conscient que l'utilisation de cristaux pour guérir d'autres personnes vous placera en position de pouvoir – un pouvoir que vous devriez être déterminé à utiliser avec sagesse et de la bonne manière.

Votre principal objectif devrait être de vous souvenir du conseil d'Hippocrate, le médecin de la Grèce antique, qui disait : « D'abord, ne pas nuire. »

Sur le plan éthique, le fait de soigner peut constituer une pente dangereuse. À moins que vous ayez reçu une formation comme professionnel de la médecine, vous ne devriez jamais vous présenter comme un expert praticien de soins de santé ou comme un conseiller, pour votre propre protection juridique, de même que pour la vie, la sécurité et le bien-être de ceux que vous essayez d'aider.

Assurez-vous de ne pas vous faire passer pour ce que vous n'êtes pas, ou de faire des cristaux une solution magique pour toutes les maladies d'un individu, au sens propre comme au sens figuré.

Soyez particulièrement conscient que même si vous ne faites qu'expérimenter des techniques variées, votre rôle de guérisseur est puissant. Prenez conscience que, lorsque vous sortez vos cristaux, tout ce que vous dites peut sembler provenir d'une source supérieure, et les paroles que vous utiliserez auront plus de poids qu'elles en auraient dans des circonstances ordinaires. Ne faites aucune promesse que vous ne pouvez tenir, et ne dites rien qui pourrait être mal interprété. Faites attention à ne pas faire de prophéties qui pourraient se réaliser. Ne faites jamais allusion à la mort, à la maladie, à des blessures ou à une catastrophe et ne prédisez jamais de telles choses. Au lieu de cela, voyez à ce que tous vos commentaires et suggestions soient perçus le plus positivement possible.

Cristaux mystiques

Guide alphabétique des cristaux, des roches et des pierres

Il n'a pas été facile de faire la sélection des 20 cristaux de base recommandés au début de ce livre. Il existe actuellement des centaines de cristaux sur le marché, et aussi des milliers de sortes de cristaux combinés.

Une fois que vous commencez votre collection, ne vous limitez pas à suivre des directives strictes. Examinez les possibilités, achetez ce que vous aimez, et n'hésitez pas à ajouter n'importe quelle pierre qui attire votre regard. Vous pouvez même vous servir de cette liste comme point de départ pour tous les cristaux que vous aimeriez posséder… un jour.

Voici un guide alphabétique des roches, des pierres et des cristaux communs.

L'**abalone** n'est pas à proprement parler un cristal. C'est un coquillage ouvert et plat avec un éclat nacre à l'intérieur. Parfois connues sous le nom d'« oreilles de mer », les coquilles d'abalone sont utilisées par de nombreuses personnes pour brûler de l'encens (sur une couche de sable), lors de rituels de purification et de fumigation.

Les **agates** sont offertes dans une large variété de couleurs et d'apparences. Ce sont de bons cristaux à utiliser lorsque vous avez besoin d'aide avec la pensée logique.

- Les **agates à dentelle bleue** affichent des bandes de bleu et de blanc en cascade, rappelant le ciel et la mer. Utilisez-les lorsque vous voulez contempler les profondeurs des émotions ou de la conscience supérieure.

- Les **agates arborisées**, avec leurs rayures vert feuille, semblent montrer des images de branches feuillues. Escaladez les branches d'une agate arborisée pour atteindre de nouvelles élévations de conscience, ou prenez-en une pour votre cour arrière, afin d'obtenir une vue d'ensemble de votre vie familiale.
- Les **agates dendritiques** sont associées à l'agriculture, à la vie des plantes, et à des concepts connexes comme la croissance, la plénitude et l'abondance de la nature. Regardez fixement une agate dendritique et vous verrez des silhouettes d'arbres et de forêts se former. Déposez des agates dendritiques près de vos plantes de maison pour les stimuler.

- Avec leurs anneaux de la couleur de la fumée, les **agates du Botswana** sont fortement recommandées aux pompiers, aux fumeurs, à ceux qui veulent arrêter de fumer et à ceux qui sont régulièrement en contact avec des quantités excessives de chaleur ou de fumée.

- Les **agates fougère** — dans lesquelles chaque rayure semble être une minuscule fougère feuillue — vous aident à communiquer avec les plantes, et à vous harmoniser avec l'univers des devas et des esprits de la nature.

- Les **agates iridescentes**, remplies de tourbillons opalescents qui rappellent la lave, peuvent vous aider à vous sentir plus courageux, plus sûr de vous et plus enthousiaste. Utilisez l'agate iridescente pour ajouter des étincelles à votre écriture.

- Les **agates mousseuses**, avec leur profonde couleur vert mousse, sont parfois appelées « pierres du jardinier », car elles peuvent vous aider à faire croître tant les plantes que la richesse.

L'**aigue-marine**, la pierre préférée des marins, s'harmonise à l'océan, à l'esprit de la mer et à toutes les propriétés qui sont associées à l'eau. Au Moyen Âge, on disait que les gens qui tenaient une aigue-marine entre leurs lèvres pouvaient appeler le diable de l'enfer et l'obliger à répondre à leurs questions. Les aigues-marines sont aussi censées garantir le bonheur, la richesse et un mariage heureux.

L'**alexandrite**, qui passe du vert, sous la lumière du jour, au rouge, sous la lumière incandescente, a été découverte en Russie en 1830. Elle a été nommée en l'honneur du Tsar Alexandre II, dont les couleurs impériales étaient le rouge et le vert. Utilisez l'alexandrite quand vous voulez faire l'expérience d'une transformation spectaculaire, quand vous désirez vous voir sous un nouvel éclairage, ou prendre contact avec votre propre nature royale.

L'**amazonite**, une forme verte du feldspath, peut vous aider à déverrouiller votre esprit de guerrière amazone. Elle est particulièrement utile pour vous aider à trouver votre voix et à développer vos habiletés de communication. On dit même qu'elle est dotée de propriétés curatives pour la gorge et les poumons ; c'est une des raisons pour lesquelles, traditionnellement, elle est utilisée par les musiciens. Certains joueurs portent de l'amazonite en gage de chance.

L'**ambre**, de la sève pétrifiée provenant d'un pin préhistorique, peut vous aider à découvrir des connaissances et une sagesse anciennes. Certaines pierres d'ambre contiennent même les corps préservés d'insectes préhistoriques. Depuis des milliers d'années, l'ambre a connu de la popularité comme élixir, bijou, amulette et talisman. C'est l'une des rares pierres que l'on peut charger électriquement, ce qui signifie qu'elle peut produire de la chaleur rapidement et efficacement.

Améthyste — voir le chapitre *Nécessaire de départ*.

Les **améthystes à chevron**, avec leurs marques distinctives en forme de « V », combinent les qualités éclairantes du quartz clair avec les qualités royales de l'améthyste violette.

L'**amétrine**, une combinaison d'améthyste et de citrine, réunit le pouvoir jaune et énergisant du Soleil aux propriétés spirituelles de l'améthyste, dans une simple pierre bicolore. L'amétrine est une bonne pierre à utiliser quand vous voulez vous servir de tous vos talents, ou quand vous voulez associer vos forces à celles d'une autre personne ou d'un autre groupe.

Andalousite – voir chiastolite et croix de fée.

L'**angélite**, une magnifique pierre bleu ciel, est utilisée pour se connecter aux anges, aux guides spirituels et au Moi supérieur. Elle peut aussi vous aider dans les domaines de la télépathie, de la conscience psychique, du voyage astral et du rêve lucide.

L'**apatite**, dont le nom provient du mot grec qui signifie « décevoir », du fait qu'on la confond souvent avec d'autres minéraux, se présente dans une vaste gamme de couleurs et de formes : blanche, brune, jaune, verte, bleue, violette et rouge. L'apatite peut vous aider à modifier votre apparence, surtout si vous voulez perdre du poids.

L'**apophyllite miroir** est un cristal privilégié par les collectionneurs, qui sont attirés par sa forme ; la plupart des apophyllites se présentent sous forme de pyramide à quatre faces ou sous forme de cube aux arêtes droites. Habituellement incolore ou blanche, l'apophyllite se présente aussi dans des nuances de vert pastel. Comme l'apophyllite est si luisante, beaucoup croient qu'elle possède le pouvoir de refléter le passé et de révéler la vérité.

L'**aqua aura** est du quartz clair plongé dans de l'or en fusion. Cette procédure lui donne une teinte bleu métallique claire et lui confère des capacités de protection.

L'**aragonite**, une forme de calcite, se présente habituellement dans un groupe de cristaux qui semble avoir pris forme dans un accès d'énergie soudain. L'aragonite peut aussi procurer un accès d'énergie à vos projets et à votre personnalité.

Aventurine – voir le chapitre *Nécessaire de départ*.

L'**azurite** convient au travail psychique, et elle fait partie intégrante de nombreux plans de guérison par les cristaux et par les gemmes. Sa couleur bleu cobalt foncé vous aidera à entrer en vous-même en profondeur pour accéder à des intuitions psychologiques et spirituelles. Durant le Moyen Âge et la Renaissance, les peintres européens adoraient l'azurite pour le magnifique pigment bleu qu'elle procurait à leur art.

Les **balles moquis**, aussi connues sous le nom de « moquis », « billes moquis » ou « pierres de shaman », portent le nom d'une tribu amérindienne du désert de Moqui, qui se servait de ces boules pour jouer à des jeux. Les balles moquis contiennent du fer et du grès, et sont habituellement vendues en paires – une boule rugueuse « mâle » et une sphère lisse « femelle ». Elles ont souvent une légère charge magnétique qui renforce encore plus leur association avec l'attraction, le partenariat et la dualité.

La **barite**, une pierre bleu ciel, est privilégiée par de nombreux Amérindiens, qui l'utilisent pour passer de l'état physique à l'état spirituel dans leurs pratiques cérémonielles. On dit aussi que la barite inspire les rêves lucides et la capacité de se souvenir de ses rêves.

Les pierres de **basalte**, qui se forment au moment du refroidissement et du durcissement de la lave volcanique, sont foncées et lisses. Les pierres de basalte retiennent la chaleur de façon constante et sont idéales pour les massages aux pierres chaudes.

Les **béryls** sont incolores, du moins dans leur forme pure. En fait, ce sont leurs impuretés qui rendent si précieux la plupart des béryls. Par exemple, les émeraudes sont des béryls, de même que les aigues-marines. D'autres types de béryls incluent le béryl doré, aussi connu sous le nom d'« héliodore », un puissant rappel de la lumière et de l'énergie du Soleil. Le béryl rose, que l'on connaît aussi sous le nom de « morganite », peut calmer les émotions brutes et stimuler la guérison, et le béryl rouge, également appelé « bixbite », est une pierre vibrante, rouge-violet, qui peut insuffler une nouvelle vie à des relations de longue date et stimuler l'appareil circulatoire.

Biotite – voir mica.

Bixbite – voir béryl.

Bois silicifié – voir le chapitre *Nécessaire de départ.*

Bornite – voir cuivre panaché.

La **brazilianite**, un cristal jaune-vert découvert au Brésil en 1945, est plus lourde qu'elle ne paraît. Ses propriétés sont toujours à l'étude, mais on associe la brazilianite à la réussite scolaire, à l'attention aux détails, aux habiletés pour l'étude et à l'intelligence.

La **bustamite**, dont la gamme de couleurs va du rose pâle au brun rougeâtre, peut faire éclater les blocages d'énergie et, comme toutes les pierres rouges, être utile en cas de problèmes d'amour et de santé.

La **calcédoine**, terme passe-partout qui décrit le quartz translucide, inclut les agates, l'aventurine, la sanguine, la cornaline, la chrysoprase, le silex, le jaspe et l'onyx.

Le **calcite**, qui tire son nom du mot grec signifiant « lime », est l'un des minéraux les plus communs sur Terre ; il compose environ 4 % de la croûte terrestre. Même si l'on peut trouver le calcite partout, les collectionneurs le valorisent pour sa beauté et pour ses variations. Le calcite est aussi connu sous le nom de « spath d'Islande », « feldspath calcite », « carbonate de calcium naturel », « calcaire d'Islande » et « marbre onyx ».

La **célestine**, avec ses pointes impressionnistes de blanc et de bleu, reflète certainement un thème céleste. Certaines personnes croient qu'elle peut nous aider à prendre contact avec des gardiens et des anges guides. Elle peut aussi aider ceux qui aimeraient faire l'essai du voyage astral.

La **charoïte** a été découverte en 1947, près de la rivière Tchara, en Sibérie, où les prisonniers politiques russes étaient souvent exilés. Cela explique qu'on a fini par considérer ce silicate comme une aide pour ceux qui ont l'impression — ou craignent — d'être isolés des autres. La charoïte n'a pas été introduite en Occident avant 1978.

La **chiastolite**, aussi connue sous le nom de « pierre de croix », « croix de fée », « andalousite » et « staurolite », est une variété d'andalousite. Lorsqu'elle est découpée, vous pouvez clairement voir une forme de croix dans la pierre. Ainsi, elle peut symboliser le christianisme, la dévotion, la mort, la renaissance et l'immortalité.

Chrysobéryl — voir œil-de-chat.

La **chrysocolle**, aussi connue sous le nom de « pierre de silice », présente des anneaux distinctifs de bleu et de vert, qui ressemblent à des cartes altimétriques d'îles bleu foncé flottant sur une mer turquoise. Servez-vous de la chrysocolle lorsque vous voulez explorer des territoires inexplorés ou établir une carte de votre propre conscience.

La **chrysoprase**, avec sa couleur caractéristique vert pomme, nous ramène à l'époque du fruit défendu du jardin d'Éden. La chrysoprase est souvent utilisée pour faire renaître l'amour et la passion chez les couples mariés depuis longtemps. Mais il ne faut pas l'exposer au Soleil, sinon sa couleur s'estompera.

Le **chrysotile** est de l'amiante, ce qui peut être assez dangereux pour la santé. Si vous possédez un échantillon minéral de chrysotile, ne le coupez pas, ne le percez pas, ne le sablez pas, ne le brisez pas et ne l'émiettez pas. Ne confondez pas le chrysotile avec l'inoffensive chrysolite, une variété verdâtre de péridot.

Citrine — voir le chapitre *Nécessaire de départ*.

Le **corail** est chéri par les collectionneurs de cristaux, même s'il ne s'agit pas d'un cristal. Dans l'Antiquité, les branches de corail étaient utilisées comme un instrument de divination. Les petites filles portaient des colliers de corail pour attirer la chance, et les voyageurs portaient du corail pour être protégés lorsqu'ils devaient voyager en mer. Étant donné que le corail est une forme de vie marine qui se développe en larges communautés, vous pouvez vous y reporter lorsque vous avez besoin d'aide pour vivre et travailler avec d'autres personnes.

Cornaline – voir le chapitre *Nécessaire de départ*.

La **croix de fée** (ou pierre de fée) se présente sous la forme d'une croix. En plus de son lien évident avec le christianisme, on dit aussi que la pierre représente les quatre éléments, soit la terre, l'air, le feu et l'eau. La croix de fée constitue un porte-bonheur naturel. On l'appelle parfois « andalousite », « chiastolite » ou « staurolite ».

La **cyanite**, que l'on trouve dans des nuances de vert, de bleu et de noir, est une pierre à couches multiples qui peut vous aider à peler les couches de votre personnalité ou même à découvrir des expériences de vies antérieures. La cyanite est aussi une bonne pierre pour le *channeling*.

La **danburite**, un cristal transparent parfois doté d'une teinte rose subtile, a d'abord été découverte dans la région de Danbury, au Connecticut (États-Unis). Comme la danburite est remarquablement transparente et brillante, elle peut constituer un outil utile lorsque vous devez penser clairement et trouver de nouvelles idées brillantes.

Le **diamant**, le minéral le plus dur, a longtemps été un symbole de perfection, de durabilité et d'amour éternel. Les diamants symbolisent aussi l'intelligence supérieure et la réussite matérielle. Certaines personnes croient que les diamants amplifient les propriétés des autres cristaux.

Les **diamants Herkimer**, à l'origine, ont été découverts à Herkimer, dans l'État de New York (États-Unis). Ils ressemblent beaucoup à des diamants, mais sont en fait du quartz. Beaucoup sont dotés de terminaisons doubles, et il n'est pas rare d'en trouver avec des enhydres, c'est-à-dire des bulles d'air et d'eau coincées à l'intérieur du cristal. Certains utilisent les diamants Herkimer pour améliorer leurs rêves, encourager les voyages astraux ou se souvenir de vies antérieures.

Le **diopside**, habituellement vert, se présente aussi en brun et en blanc, de même qu'en une variété bleue, plutôt rare, appelée « violane ». La variété la plus intéressante est le diopside étoilé, qui présente une étoile à quatre rayons et peut faire penser à Vénus, l'étoile du matin et du soir.

La **dioptase** se présente en nuances de vert riche et radiant. Elle ressemble en fait à un modèle réduit de la Cité d'Émeraude, du *Magicien d'Oz*. Employez la dioptase quand vous voulez fantasmer sur le début d'une nouvelle vie ou quand vous vous demandez si la pelouse est vraiment plus verte chez le voisin.

La **dolomite** est un cristal intéressant, car les savants ne peuvent pas vraiment expliquer son mode de formation. Apparemment, la dolomite commence son existence sous forme de calcaire, mais d'une certaine manière, dans un processus qui rappelle la métamorphose, le calcite et l'aragonite qu'elle contient sont transformées en dolomite. Pour cette raison, vous voudrez peut-être vous procurer de la dolomite si vous devez traiter de questions de transformation spectaculaire, sans toutefois vouloir devenir une personne complètement différente.

La **dumortiérite**, une forme de quartz bleu qui peut se présenter dans des nuances de violet foncé, est une pierre ornementale populaire. Elle est souvent sculptée sous forme de perles, d'œufs, de sphères et de cabochons.

Les **émeraudes** ont été considérées comme précieuses tout au long de l'Histoire. Non seulement leur couleur verte caractéristique est à couper le souffle, mais elle symbolise aussi la vie, la croissance, la fertilité et la créativité. En Amérique du Sud, les Incas et les Aztèques croyaient que les émeraudes étaient des pierres sacrées. Les mines de gemmes situées près de la mer Rouge étaient privilégiées par les pharaons, entre 3000 et 1500 ans avant notre ère. Les Védas, les écritures anciennes et sacrées de l'hindouisme, disent que les émeraudes sont des pierres porte-bonheurs qui améliorent le bien-être.

L'épidote, qui se présente habituellement en teintes de vert, est une pierre de développement et de croissance.

L'érubescite, la pierre du bonheur, autrefois appelée « cuivre panaché », est une forme bleu clair de bornite dotée d'un lustre multicolore. Elle nous rappelle que, parfois, il est bon de se pavaner comme un paon. Utilisez-la lorsque vous vous sentez particulièrement fier d'un accomplissement ou lorsque vous voulez vous vanter un peu.

Fluorite – voir le chapitre *Nécessaire de départ*.

Les **fossiles** nous connectent au passé, tant sur un plan personnel que cosmique. Étant donné que les fossiles sont littéralement les os du passé, ils sont associés au squelette, aux os, aux mains et aux pieds.

La **fuchsite**, comme tous les cristaux verts, peut stimuler la croissance, la réussite financière, la créativité et la guérison.

La **fulgurite** est un éclair solidifié — techniquement, c'est du sable mélangé et fusionné par les éclairs qui frappent la plage. La plupart des cristaux de fulgurite ont la forme de longs tubes vides, et ils ressemblent à des brindilles et à de petites branches. Vous pouvez employer la fulgurite lorsque vous avez besoin d'un éclair d'inspiration, ou quand vous aimeriez recevoir une surprise.

La **galaxite**, aussi connue sous le nom de « galaxyite », est une pierre noire granulaire. La galaxite est parfois appelée « pierre de l'aura », car les guérisseurs énergétiques l'emploient pour purifier, équilibrer et protéger l'aura.

La **galène** est du plomb, elle peut donc être toxique, et l'on doit la manipuler avec soin. Mais elle est fascinante et magnifique, et ses surfaces luisantes inspirent la réflexion.

Les **galets** sont des cailloux ronds et lisses que l'on trouve dans les rivières et sur les plages. Ils finissent par être naturellement polis à mesure que l'eau et d'autres pierres se frottent contre eux.

La **goshénite**, un béryl clair et incolore, était employée dans l'Antiquité pour fabriquer des lunettes. Même de nos jours, la contemplation d'un cristal de goshénite peut vous aider à vous concentrer, à éliminer les distractions et à visualiser l'emplacement d'un objet perdu.

Les **grains de cristaux lémuriens** sont des cristaux en forme de baguette. Ils sont habituellement dotés de plusieurs bordures brisées et recouverts de crêtes distinctes, profondément gravées. Ces marques jouent un rôle-clé dans une légende riche et complexe qui entoure ces cristaux. D'après l'histoire, les grains de cristaux lémuriens étaient tous encodés avec la connaissance et l'histoire d'une ancienne civilisation de l'amas d'étoiles des Pléiades. Les cristaux ont été plantés — ou semés — sur Terre pour amener les âmes des Pléiades à se réincarner sur cette planète, et pour unifier nos civilisations dans le temps et dans l'espace.

Le **granite** est une pierre commune qui se présente dans des nuances de gris, de blanc, de rose et de vert. Comme il s'agit d'un composite de plusieurs petits cristaux (principalement du quartz et du feldspath), le granite peut être utilisé pour représenter des questions liées à la communauté. Du fait qu'il est souvent utilisé comme matériau de construction, il peut aussi être employé comme un gage de construction de relations.

Le **grenat**, qu'on porte traditionnellement pour attirer les amants, symbolise la dévotion et l'engagement à long terme. À l'occasion, de bons amis l'échangent pour s'assurer de se rencontrer à nouveau. Les couleurs des grenats varient du vert émeraude foncé jusqu'au jaune, au brun et au rouge. Les grenats ont toujours été considérés comme des pierres protectrices, car les gens croyaient qu'ils étaient assez brillants pour éclairer un chemin dans l'obscurité. En fait, d'après une légende, Noé a utilisé une lanterne de grenat pour éclairer l'arche.

Le **grossulaire** est un type de grenat. Lorsqu'on le sort de la terre, il est inégal, bosselé et d'apparence plutôt difforme, mais il est superbe une fois poli.

Le **gypse** est une pierre sédimentaire qui se forme souvent dans les lits massifs au moment où l'eau salée s'évapore, vous pouvez donc l'associer à la mer, au Soleil et au sable. Il est habituellement gris ou blanc.

Gypse fibreux — voir sélénite.

L'**halite**, qui est en réalité du sel gemme, est habituellement rose ou blanche. Puisqu'il s'agit littéralement du sel de la Terre, il est bon pour l'ancrage, la purification et la protection.

L'**héliodore** est une forme dorée de béryl, nommée en l'honneur d'Hélios, le dieu grec du Soleil. Chaque matin, Hélios se levait à l'aurore et voyageait à travers le ciel dans un chariot tiré par quatre chevaux dorés. Utilisez l'héliodore quand vous voulez voyager — spirituellement, du moins — d'un horizon à l'autre.

Héliotrope – voir sanguine, dans le chapitre *Nécessaire de départ.*

Hématite – voir le chapitre *Nécessaire de départ.*

L'**hiddénite** est une pierre verte, surtout connue pour attirer la prospérité.

Howlite – voir le chapitre *Nécessaire de départ.*

L'**ijolite** était précieuse pour les navigateurs vikings, qui avaient découvert qu'ils pouvaient l'utiliser comme filtre pour regarder directement le Soleil sans endommager leurs yeux. En général, cette pierre est d'un violet-bleu foncé, mais elle est dotée de propriétés pléochroïques, ce qui signifie qu'elle peut aussi paraître transparente ou jaune, selon la manière dont on la taille. Apportez de l'ijolite lorsque vous voyagez ; utilisez-la comme aide de navigation dans vos voyages spirituels, et conservez-la comme pierre de touche pour toute entreprise en territoires inexplorés. Même si vous ne voulez probablement pas l'utiliser pour regarder directement le Soleil, certaines personnes croient que l'ijolite peut faciliter les visions psychiques.

L'**indicolite** est une forme bleue de tourmaline.

L'**infinie**, un mélange de serpentine et de chrysotile de l'Afrique du Sud, est aussi connue comme la « pierre du guérisseur », car on rapporte qu'elle fait sortir la douleur du corps. Certains guérisseurs croient qu'elle travaille à un niveau cellulaire pour disperser l'énergie cristallisée.

Le **jade** se présente en deux variétés : la jadéite et la néphrite, la dernière étant plus crémeuse et moins translucide. Le jade est habituellement vert, mais il peut aussi être bleu, noir, violet, blanc, jaune, rouge et brun. Étant donné que le jade est remarquablement durable — en fait, il est plus solide que l'acier —, on le connaît comme la « pierre de la longévité ». En Chine, le jade est une pierre précieuse depuis l'an 2950 avant notre ère, au minimum. Auparavant, les Chinois croyaient que le jade pouvait préserver le corps après la mort ; on a trouvé une tombe qui contenait tout un costume fait de jade pour assurer l'immortalité physique de son propriétaire. En Amérique centrale, les Olmèques, les Mayas, et les Toltèques considéraient tous le jade comme étant précieux, et ils l'utilisaient pour la confection de sculptures et de masques.

Le **jais**, une forme noire de bois silicifié qui ressemble au charbon, peut vous aider à traverser l'obscurité de la dépression ou vous servir de guide à travers les sombres mystères cachés de l'expérience psychique.

Jaspe — voir le chapitre *Nécessaire de départ.*

Kansas Pop Rocks — voir pierres de Boji.

La **kunzite** est la variété rose du spodumène. Puisqu'elle est rose, on l'associe à la gentillesse, à l'amitié, à l'équilibre émotionnel et à la compassion.

La **labradorite**, aussi nommée « spectrolite », peut sembler être une pierre mate et foncée plutôt ordinaire, de prime abord. Mais, sous le bon éclairage — et une fois polie et taillée —, la labradorite devient l'un des minéraux les plus fascinants et les plus magnifiques du monde, montrant un lustre arc-en-ciel qui semble danser sur sa surface. La labradorite évoque le fait que les gens aussi possèdent des dons et des talents qui ne devraient pas être négligés.

Lapis-lazuli — voir le chapitre *Nécessaire de départ*.

Le **larimar** est aussi bleu que la mer des Caraïbes, qui, par coïncidence, est aussi le seul endroit où l'on peut le trouver, en République dominicaine. Il est aussi apaisant de regarder le larimar que de contempler des vagues qui roulent sur une plage de sable blanc. Le larimar est parfois appelé « pierre de l'Atlantide » ou « pierre du dauphin ».

Les **larmes d'Apache** tirent leur nom d'une légende à propos d'un groupe d'Indiens apaches embusqués par une tribu ennemie. Menés au sommet d'une falaise élevée, ils furent forcés de sauter vers leur mort. Leurs femmes, frappées de chagrin, pleurèrent au-dessus des corps, et leurs larmes sont devenues les obsidiennes noires translucides que nous connaissons aujourd'hui. D'après la légende, quiconque possède des larmes d'Apache ne pleurera plus, car suffisamment de larmes ont déjà été versées.

Lavulite – voir sugilite.

La **lépidolite**, une charmante pierre lavande, contient à la fois du mica et du lithium. On prescrit souvent du lithium sous forme pharmaceutique pour les gens qui souffrent de trouble bipolaire ou de dépression grave. Ainsi, la lépidolite est une pierre destinée à ceux qui ont besoin d'équilibrer leur humeur et de calmer les émotions négatives, l'anxiété ou les dépendances, ou de mieux dormir. La lépidolite est fragile et ne devrait pas être trempée dans l'eau.

Luvulite – voir sugilite.

La **magnésite** ne forme habituellement pas de cristaux par elle-même, mais c'est une composante importante d'une large variété d'autres pierres, comme l'aragonite, la dolomite et la serpentine. Elle est principalement formée de calcite, et est donc associée aux os et aux dents. La magnésite est habituellement blanche ou grise.

La **magnétite**, un minerai de fer noir, est naturellement magnétique, on peut donc s'en servir pour attirer l'amour, la chance et la santé. La magnétite est une forme d'hématite.

Malachite – voir le chapitre *Nécessaire de départ*.

Le **manganocalcite rose**, ou calcite de magnésium rose, est parfois appelé « pierre du *reiki* ». Les guérisseurs aiment cette pierre parce qu'elle semble magnifier leurs propres énergies et efforts de guérison.

Le **marbre**, lisse et froid au toucher, a toujours été un matériau privilégié par les artistes et les artisans. Michel-Ange a vu de grandes œuvres dans la puissante pierre. Utilisez le marbre quand vous voulez libérer le dieu ou la déesse en vous.

Le **marbre Picasso**, aussi appelé « pierre de Picasso » et « jaspe de Picasso », donne l'impression que Picasso lui-même a peint chaque pierre dans son style cubiste distinctif. Pour cette raison, on s'y réfère parfois comme à la « pierre de l'artiste ». Utilisez cette pierre pour libérer votre créativité.

La **marcassite**, aussi nommée « pyrite blanche », est une forme argentée de fer. À cause de sa teneur élevée en fer, on l'utilise parfois pour assister les femmes qui se rétablissent d'un accouchement, car pendant cette période, il arrive fréquemment que leur sang manque de fer.

Les **météorites** comme la tectite et la moldavite prouvent qu'il est possible d'attraper une étoile filante. La plupart des météorites sont brun foncé ou noires, rongées et marbrées à cause de leur descente à travers notre atmosphère. Les météorites symbolisent le voyage sur de très grandes distances, des voyages qui durent toute une vie, et une communication à longue distance. Vous pouvez utiliser une météorite quand vous voulez vous connecter à d'autres mondes ou accéder à l'énergie de l'Univers.

Les **micas** sont un groupe de minéraux que l'on retrouve dans tous les types de roches : ignées, métamorphiques et sédimentaires. Les trois formes de mica les plus communes sont la muscovite, la biotite et la lépidolite. Alors que les flocons de mica sont fragiles, les cristaux de mica peuvent supporter des températures élevées et des environnements qui érodent d'autres minéraux. Utilisez le mica lorsque vous voulez persévérer dans une situation anxiogène.

Le **millénium orange**, une forme de cornaline récemment découverte, ne se trouve que dans le haut désert du sud-ouest des États-Unis. On raconte que ces nodules ronds caractéristiques sont excellents pour désintoxiquer à la fois l'esprit et le corps.

La **moldavite**, une pierre météorique vert brumeux, est une variété rare de tectite.

La **morganite**, aussi appelée « béryl rose », a été nommée en l'honneur du banquier J. P. Morgan. Comme les émeraudes et les aigues-marines, la morganite est un béryl.

Le **morion** est un cristal naturellement foncé, noirci à cause de l'exposition à la radiation naturelle. Utilisez le morion si vous voulez explorer des problèmes d'ombre — comme les pensées et les sentiments « négatifs » — ou contempler des aspects cachés de votre inconscient.

La **muscovite**, une forme de mica, se trouve à la fois sous forme de cristaux et de feuilles superposées. La muscovite peut former une barrière isolante contre la chaleur ; en fait, les vitres des portes de four étaient auparavant fabriquées de muscovite. Vous pouvez l'utiliser lorsque vous voulez une barrière de protection entre vous-même et un problème particulièrement délicat.

La **nacre** est une autre substance organique qui trouve fréquemment son chemin dans les collections de cristaux. Ce n'est pas une pierre ; c'est plutôt la couche intérieure opalescente et perlée d'une coquille d'huître. On associe habituellement la nacre à la protection, de même qu'à la nature calmante et paisible de l'océan.

La **néphrite** est une forme plus crémeuse, et moins translucide, de jade.

La **novaculite** est une forme de quartz blanc que l'on utilise communément pour fabriquer des pierres à aiguiser pour les couteaux, les rasoirs et d'autres outils en acier. Dans des cercles métaphysiques, la novaculite est aussi connue comme le « cristal coupeur de cordon ». Certains guérisseurs s'en servent pour couper les cordons psychiques ou éthériques ; elle peut aussi être utilisée pour couper à travers le désordre, pour aller directement au cœur d'un problème, et pour couper à travers les problèmes.

Obsidienne – voir le chapitre *Nécessaire de départ*.

L'**obsidienne flocon de neige** est de l'obsidienne noire.

L'**œil-de-chat**, une forme de chrysobéryl, est souvent confondu avec l'œil-de-tigre, mais il est plus rare. L'œil-de-chat est doté d'une bande lumineuse distincte qui passe d'un côté à l'autre, à travers sa face. Tout comme les chats peuvent voir dans le noir, vous pouvez utiliser les cristaux d'œil-de-chat pour explorer des domaines qui pourraient profiter d'illumination.

L'**œil-de-faucon**, également connu sous le nom d'« œil-de-tigre bleu », est un quartz que l'on trouve habituellement dans des nuances allant du bleu-vert au gris-bleu. Utilisez-le quand vous avez besoin d'une perspective plus claire sur une situation ou quand vous êtes à la recherche de réponses.

L'**œil-de-fer** favorise les entreprises créatives et tous les types d'habiletés artistiques.

Œil-de-tigre – voir le chapitre *Nécessaire de départ*.

Œil-de-tigre bleu – voir œil-de-faucon.

L'**okénite** est un composé minéral blanc qui ressemble beaucoup à des balles de coton. On dit parfois que c'est une pierre « chaude et duveteuse », car elle inspire la chaleur et des sentiments chaleureux de confort et d'acceptation.

Olivine – voir péridot dans le chapitre *Nécessaire de départ*.

L'**onyx** est habituellement noir ou brun et, parfois, il est doté de bandes de blanc et de brun clair. Il est facile d'imaginer des histoires basées sur les formes ou motifs de ses marques. L'onyx noir obtient sa couleur riche et solide d'un processus de teinture ancien qui est encore en usage aujourd'hui. D'après la légende, l'onyx a été connu pour atténuer les feux de la passion, et même provoquer de la discorde et des disputes entre des amoureux.

Les **opales** reflètent une large variété de couleurs ; elles présentent un spectacle fascinant de lumières étincelantes, comme des éclairs – à plus petite échelle – ou comme le Soleil qui perce les nuages lorsqu'il se lève ou se couche. L'opale est fragile et peut fendiller si on la laisse en plein Soleil ou si elle devient trop chaude. Même dans des conditions normales, on devrait l'humidifier fréquemment avec de l'eau ou de l'huile. Les Romains croyaient que l'opale était le symbole de l'espoir et de la pureté et que ceux qui la portaient pouvaient éviter la maladie. Les Grecs de l'Antiquité croyaient que l'opale était une pierre prophétique. Au Moyen Âge, l'opale était prescrite pour une mauvaise vue, les femmes blondes portaient des colliers d'opales pour que la couleur de leurs cheveux demeure brillante et pure, et les voleurs s'équipaient d'une opale parce qu'ils croyaient qu'elle les rendrait invisibles. L'opale pourrait vous aider à passer inaperçu dans des situations où vous ne voulez pas être remarqué.

Or des fous – voir pyrite.

Orthoclase – voir pierre de Lune dans le chapitre *Nécessaire de départ.*

Péridot – voir le chapitre *Nécessaire de départ.*

Les **perles** sont formées en réaction à une irritation ; elles commencent par un grain de sable unique qui est recouvert, une couche après l'autre, d'une nacre luisante et lustrée comme un bijou. En d'autres mots, les perles symbolisent la perfection qui prend source dans l'épreuve. La croissance d'une perle est une métaphore du développement humain : nous, aussi, avons le pouvoir de transformer la douleur et d'acquérir de la sagesse à partir de situations difficiles. Les perles sont connectées tant à la mer qu'à la Lune, tout comme la Lune a le pouvoir d'influencer les raz-de-marée d'émotions. Vous pouvez utiliser une perle lorsque vous voulez mieux vous harmoniser au flux et au reflux de la vie.

La **pétalite** est parfois nommée « la pierre des anges » parce que sa couleur rose clair suggère un lien vers les royaumes supérieurs.

La **phénacite** tire son nom d'un mot grec qui signifie « imposteur », car sa ressemblance avec le quartz peut facilement nous tromper.

La **pierre d'aimant**, une pierre magnétique d'apparence duveteuse, est employée depuis des milliers d'années dans la fabrication d'amulettes et de talismans. C'est un rappel tangible du pouvoir d'attraction qui, apparemment, peut apporter le pouvoir, la chance et l'amour à quiconque le porte.

Pierre de Lune – voir le chapitre *Nécessaire de départ*.

Pierre de silice – voir chrysocole.

La **pierre d'écriture chinoise**, qui tire son origine de la vallée du fleuve Yangzi Jiang, en Chine, semble être gravée de caractères de l'alphabet chinois. Utilisez-la lorsque vous voulez améliorer vos qualités d'écriture et de communication. Certains croient qu'elle peut aussi nous aider à accéder aux annales akashiques, le dépositoire cosmique de toute connaissance.

La **pierre Gaïa** est une obsidienne verte provenant des cendres volcaniques du mont Saint Helens. Gaïa était la déesse mythologique, personnifiant la Terre mère, qui apparut à l'époque de la Création et donna naissance à toute vie. Plusieurs personnes associent la pierre Gaïa aux archétypes de la Terre et de la déesse.

La **pierre nébuleuse** est noire et dotée des marques nébuleuses pour accéder à la sagesse et à la compréhension cosmique.

La **pierre de Soleil**, aussi nommée « aventurine », « feldspath » ou « oligoclase », peut vous aider à dissiper les nuages de négativité et de peur, à faire irradier la santé, le bonheur et la chance, et à assumer votre place naturelle comme chef et centre de l'attention.

La **pierre zébrée**, tout comme vous pourriez vous y attendre, se démarque par ses bandes distinctives noires et blanches. Utilisez-la quand vous avez besoin de comparer et d'opposer deux problèmes ou plus, ou quand une situation semble aussi polarisée que s'il s'agissait de noir et de blanc.

Les **pierres de Boji** sont des pierres magnétiques très concentrées en fer qui sont habituellement vendues en paires — une pierre rugueuse « mâle » et une pierre lisse « femelle » —, qui travaillent ensemble pour démontrer les concessions de la vie quotidienne. Elles peuvent vous aider à équilibrer les aspects féminin et masculin de votre personnalité, ou à adoucir une grande gamme d'émotions ou d'expériences. (Le nom « pierres de Boji » est une marque de commerce de Boji inc. On leur donne aussi le nom de « *Kansas Pop Rocks* ».)

Pierres de shaman — voir balles moquis.

Plomb — voir galène.

La **prehnite**, la pierre jaune-vert des souvenirs de rêves, est parfois recommandée comme cristal pour les rêves lucides, le rappel des rêves, la méditation et la prophétie.

La **purpurite**, ainsi nommée en raison de sa couleur violette distinctive, serait une pierre royale pour quiconque se trouve en position de domination et d'autorité, surtout si ce rôle implique une composante spirituelle.

La **pyrite**, connue couramment comme « l'or des fous », s'associe à tout, sauf à la folie. La pyrite est associée à l'intelligence, à la logique et à la pensée claire. Depuis des milliers d'années, elle est utilisée dans la fabrication de pièces ornementales et en bijouterie. En Amérique du Sud, les Incas avaient créé des miroirs de radiesthésie à partir de larges planches de pyrite polie. D'après la légende, le symbole de la Terre pour les anciens Chinois, un cube doré, était dérivé de la pyrite.

La **pyromorphite**, la « pierre de la victoire », ressemble souvent à un cactus de bande dessinée, parce qu'elle est verte et couverte de petites bosses et de petites « aiguilles ».

Le **quartz** est le pilier de l'univers des cristaux. C'est une pierre versatile, à usages multiples. Les cristaux de quartz peuvent se développer seuls ou en groupes, et ils se présentent sous toutes les formes, tailles et couleurs. La plupart des cristaux de quartz ont six faces.

Des pierres bien connues comme l'agate, l'améthyste, la cornaline, la calcédoine, le jaspe, l'onyx et l'œil-de-tigre sont toutes des formes de quartz.

- Le **quartz bleu**, qui se présente dans des nuances de bleu, de gris et de lavande, est une pierre plutôt rare que l'on trouve aux États-Unis et au Brésil. Comme toutes les pierres bleues, le quartz bleu est calmant, paisible et serein.

- Le **quartz calcédoine** n'est pas un cristal unique, mais une collection de microcristaux aux grains fins. Le quartz calcédoine est encore plus diversifié que le quartz clair, puisqu'il se présente en couleurs et motifs variés. Les agates, la cornaline, le jaspe, l'onyx et l'œil-de-tigre sont tous des membres de la famille des calcédoines.

- Le **quartz clair**, un cristal incolore et transparent, aussi appelé « cristal de roche », est probablement la pierre la plus populaire de toutes. Depuis des siècles, les mystiques adorent le quartz clair. Ils croient qu'il purifie l'air, nettoie et purifie l'environnement, amplifie les pensées et les sentiments, clarifie notre pensée, et accélère le développement spirituel et la guérison. La lumière blanche et pure passe facilement à travers lui.

- Le **quartz dendritique** raconte son histoire par des marques qui ressemblent à des branches d'arbre. En fait, « dendritique » signifie « ramifié », comme un arbre.

- Le **quartz drusique** est recouvert de cristaux minuscules et étincelants, et chacun captera et réfléchira la lumière par lui-même.

- Le **quartz fumé** est translucide et brun, noir ou gris fumé. Certains croient qu'il peut filtrer et emprisonner les pensées et les émotions négatives d'autres personnes, alors que d'autres suggèrent qu'il peut en fait renvoyer la négativité à sa source et pousser la personne à repenser son attitude. Porter un quartz fumé peut vous aider à être plus sélectif dans le choix du type de personnes que vous fréquentez.

- Le **quartz laiteux**, aussi nommé « quartz neige », est blanc et trouble, comme le lait. Parfois, des inclusions de quartz laiteux sont responsables de la formation de cristaux fantômes dans le quartz clair. Le quartz laiteux est calmant et relaxant, et il constitue un bon cadeau pour les enfants.
- **Quartz neige** – voir quartz laiteux.
- Le **quartz rose** est la pierre de la paix et de la guérison émotionnelle. C'est aussi une pierre romantique ; sa couleur rosée est associée à toutes les formes d'amour et d'amitié.
- Le **quartz rutilé** est du quartz clair doté d'inclusions métalliques d'or, de cuivre ou de titane bleu-gris, qu'on appelle parfois « cheveux de Vénus ». Les fibres sont fascinantes à regarder, et elles ajoutent de nouvelles profondeurs et directions à toute énergie qui traverse la pierre.
- Le **quartz spirit**, aussi connu comme « quartz porc-épic », « quartz cactus » et « cristal d'esprit », est recouvert de plus petits cristaux pointant dans toutes les directions. Comme tous les cristaux qui présentent de multiples regroupements, vous pouvez utiliser le quartz spirit quand vous voulez travailler avec de vastes groupes de personnes ou

rediriger votre énergie dans de multiples domaines.

- Le **quartz tourmaline** est du quartz clair ou laiteux mêlé de mèches de tourmaline noire en forme d'aiguilles. Le mélange de lumière et d'obscurité peut vous encourager à penser aux contrastes et aux contradictions que vous portez en vous — votre côté lumineux et votre ombre, votre conscient et votre subconscient, les aspects masculin et féminin de votre personnalité. Le quartz tourmaline est une pierre puissante à utiliser lorsque vous avez affaire à des dualités et à des polarités de toutes sortes. Il peut vous aider à trouver l'harmonie, même dans l'opposition.
- Le **quartz violet** ne devrait pas être confondu avec l'améthyste. Il est d'une couleur violet foncé et peut contenir des inclusions ou des voiles.

Quartz aura angélique — voir quartz aura arc-en-ciel.

Le **quartz aura arc-en-ciel**, aussi connu sous le nom de « quartz aura angélique », de « quartz aura d'opale » et de « quartz aura de perle », est un quartz qui a été imprégné de platine. Les techniciens ont placé la pierre dans une chambre à vide à 871 C et l'ont remplie de vapeurs de platine purifiées chimiquement. Le platine se lie de façon permanente à la surface du cristal, ce qui entraîne un lustre opalescent à couper le souffle. Les couleurs de l'arc-en-ciel d'un quartz aura arc-en-ciel peuvent vous rappeler le ciel qui se purifie après une tempête et la promesse de jours plus radieux à venir.

Quartz aura de perle – voir quartz aura arc-en-ciel.

La **rhodochrosite**, dont le nom signifie « de couleur rose », possède une nuance vive et remarquable. Certains donnent à la rhodochrosite le nom de « pierre de l'amour et de l'équilibre ». Ses diverses nuances rosées vous rappelleront peut-être que vous devez profiter de l'amour et de la romance, tout cela de façon équilibrée.

Rhodonite – voir le chapitre *Nécessaire de départ*.

Les cristaux de **rhodozite** sont de minuscules cristaux à dix faces provenant de Madagascar. Extrêmement rare, la rhodozite est censée améliorer tout cristal qu'elle approche et ne jamais avoir besoin d'être nettoyée.

La **rhyolite de la forêt tropicale** est une forme de jaspe.

La **rose des sables**, formée de sable et de gypse brun clair, est créée à partir d'eau souterraine riche en minéraux qui se trouve sous la surface des déserts, au Mexique et au Maroc. Il s'agit d'une forme de sélénite. Si les roses des sables sont extrêmement fragiles, elles sont aussi d'une beauté exquise. Il est amusant de les tenir dans la paume ouverte de votre main, surtout lorsque vous voulez considérer avec attention des domaines de votre vie dans lesquels vous pouvez vous épanouir et grandir. Ces cristaux peuvent nous rappeler discrètement que de surprenantes créations peuvent émerger d'un domaine qui, au premier abord, semblait sec et désert.

La **rubellite** est une tourmaline dont les tons varient entre le rose et le rouge.

Le **rubis** est considéré depuis des milliers d'années comme l'une des gemmes les plus précieuses sur Terre. Le rubis est un corindon, qui, dans sa forme pure, est incolore. Mais ajoutez un peu de chrome, de fer, de titane ou de vanadium, et vous obtiendrez un rubis – ou un saphir. Certains rubis présentent un éclair étoilé de lumière dans leur centre, que l'on nomme « astérisme ». Le rouge intense d'un rubis symbolise le pouvoir, la passion et le désir.

Sanguine – voir le chapitre *Nécessaire de départ*.

Le **saphir**, la pierre de la prospérité, est aussi un corindon – ce qui en fait le frère du rubis. Les Perses croyaient que le ciel était un gigantesque saphir bleu. Il est vrai que les saphirs se présentent dans toutes les nuances de bleu, en partant du bleu céruléen d'un ciel d'été au bleu profond du crépuscule. Le saphir se présente également dans des couleurs associées au coucher du soleil, comme l'orange, le rose, le violet et le jaune.

La **sardoine** est un quartz poreux, rouge-brun.

La **sardonyx**, une forme d'onyx, présente des couches de sardoine et d'onyx en bandes de rouge, de brun, de noir et de blanc. La sardonyx était particulièrement appréciée à Rome, surtout pour les sceaux, parce qu'on disait qu'elle ne collait jamais à la cire. Le général romain Publius Cornelius Scipion était reconnu pour porter beaucoup de sardonyx.

La **sélénite**, un gypse transparent et strié, a reçu son nom d'après Séléné, la déesse grecque de la Lune. La sélénite, qu'on connaît aussi sous le nom de « gypse fibreux », se présente comme un cristal transparent chatoyant et dans une forme appelée rosette. L'albâtre, une pierre ornementale que l'on utilise depuis des siècles pour les fines sculptures, est aussi une forme de sélénite. Utilisez la sélénite si vous devez faire face à des problèmes qui, comme la Lune, semblent aller et venir sur une base régulière. Comme on raconte que Séléné était la mère de 50 enfants, vous pouvez aussi utiliser la sélénite si vous êtes enceinte, si vous essayez de tomber enceinte, si vous élevez des enfants ou dans vos échanges avec votre mère.

La **séraphinite** est un cristal vert vif, que l'on considère souvent comme une pierre d'ange. Dans la hiérarchie médiévale traditionnelle concernant les anges, un séraphin détient le rang le plus élevé. Utilisez la séraphinite pour entrer en contact avec votre ange gardien ou pour le remercier.

La **serpentine** se présente en différentes nuances de vert. Certains croient qu'elle peut protéger contre les morsures et les piqûres de créatures venimeuses. Sur un plan métaphysique, on pense aussi qu'elle favorise la montée de l'énergie *kundalini,* ou « serpent de feu », à travers les chakras.

Les **shiva lingam** se trouvent seulement près de la rivière Narmada, l'un des sept lieux sacrés de l'Inde. Durant la saison sèche, on recueille les pierres à partir du lit de la rivière. Les shiva lingam sont des pierres de fertilité ; « *lingam* » est le mot sanscrit pour « phallus », et les pierres symbolisent le dieu hindou lord Shiva lui-même. Les marques qui se trouvent sur le shiva lingam symbolisent la *yoni,* ou l'énergie femelle, pour le parfait équilibre du masculin et du féminin.

Le **silex**, une variété de quartz gris, blanc, rouge, noir ou brun que l'on trouve un peu partout dans le monde, a été l'une des premières pierres à être utilisée comme outil. Les hommes préhistoriques sculptaient le silex pour en confectionner des couteaux, des racloirs, des flèches et des tubes. Son apparence très brillante lorsqu'il est poli et ses variations séduisantes de couleurs font que le silex est toujours considéré comme un bon outil de méditation.

La **silice** est la forme la plus élevée et la plus pure de chrysocolle de la qualité d'une gemme.

La **silice quantum quattro** est une combinaison de minéraux — la chrysocolle, la shattuckite, la malachite, le dioptase et le quartz fumé — que l'on trouve seulement en Namibie.

La **smithsonite**, aussi connue sous le nom de « bonamite », se présente habituellement en groupes, sous forme de grappes vert pâle, bleu-vert, lavande, et violettes. Elle a été nommée en l'honneur de James Smithson, le fondateur de la Smithsonian Institution. La smithsonite est un cristal splendide, qui, comme d'autres pierres qui se forment en grappes, peut vous aider dans vos relations et dans vos entreprises communautaires.

Sodalite – voir le chapitre *Nécessaire de départ*.

Le **soufre**, un minéral jaune vif, qui paraît presque modifié chimiquement, fait allusion à la brillance tant physique que métaphysique. Comme on associe souvent le jaune à la lumière du Soleil et à l'air, le soufre est censé purifier et illuminer l'esprit.

Spath d'Islande – voir calcite.

Spectrolite – voir labradorite.

Le **spinelle** se présente dans des variétés de rouge, de vert et de bleu. Historiquement utilisé comme substitut des rubis et d'autres gemmes, le spinelle est le plus souvent mis à contribution dans le domaine métaphysique comme purifiant.

Staurolite – voir chiastolite et croix de fée.

La **stichtite**, un cristal violet rosé, se forme lorsque des plaques continentales entrent en collision. Dans la maison, lorsque des personnalités peuvent aussi entrer en collision, la stichtite peut aider à créer un environnement tranquille, dénué d'agitation, surtout si des enfants et des adultes immatures présents dans cette maison sont portés à des explosions émotionnelles.

La **sugilite**, aussi connue sous le nom de « luvulite » (ou « lavulite ») et d'« azel royal », est parfois considérée comme la « pierre du guérisseur ». Elle se présente dans différentes nuances de rose, de pourpre et de violet. Les guérisseurs s'en servent souvent pour retirer la douleur du corps – ou de la psyché – et insuffler la paix de l'esprit.

La **tanzanite**, une forme bleue de zoïsite, est parfois appelée la « pierre du bourreau de travail ». Des bergers masaï l'ont découverte en Tanzanie en 1967, et les bijoutiers de chez Tiffany ont présenté la pierre au public deux ans plus tard. Sa couleur va du bleu outremer au bleu-violet clair, ce qui en fait un cristal idéal pour la détente et le travail sur les rêves.

La **tectite** est un type de verre météorique que l'on ne trouve qu'en Australie, aux Philippines, en Thaïlande et au Vietnam. Comme les autres météores, ces pierres sont généralement rongées, et certaines semblent avoir été étirées dans un état de fusion. Alors qu'au début, on croyait que les tectites provenaient de l'espace, les scientifiques ont maintenant tendance à croire que les tectites sont en réalité des roches terrestres qui ont fondu lorsque des météorites sont tombées sur elles.

La **thulite**, qu'on appelle parfois « unionite », est une forme rouge de zoïsite.

La **topaze** était autrefois réputée avoir été teinte par la lueur dorée de Ra, le dieu égyptien du Soleil. Les Grecs de l'Antiquité croyaient que la topaze pouvait rendre les gens plus forts et même invisibles.

La **tourmaline**, une pierre arc-en-ciel à couper le souffle, est utilisée depuis plus de 2000 ans. À l'époque médiévale, on croyait que la tourmaline guérissait des maladies et empêchait même la mort. Les tourmalines présentent une vaste gamme de couleurs, en fonction de la façon dont on les regarde. Certains spécimens présentent aussi un chatoiement d'œil-de-chat. On peut trouver la tourmaline en plusieurs couleurs : noire, bleue, brune, verte, opalisée, rose, rouge et melon d'eau.

La **turquénite** est de la howlite qui a été teinte en bleu pour ressembler à la turquoise. Elle est souvent faussement vendue comme une turquoise.

La **turquoise** a été considérée comme une pierre sainte, un porte-bonheur et un talisman pendant des milliers d'années. Sa couleur caractéristique est le résultat de deux composantes : le bleu provenant du cuivre et le vert provenant du fer ou du chrome. Sa couleur peut parfois changer, en fonction de la chimie corporelle de la personne qui la porte ou la tient dans sa main. Les Égyptiens de l'Antiquité joignaient de la turquoise aux corps de leurs pharaons dans les tombes, et les Perses portaient de la turquoise pour conjurer le mauvais œil. Les Aztèques du nord du Pérou utilisaient la turquoise pour décorer leurs masques de cérémonie, et certains Amérindiens croyaient que la turquoise formait un lien entre les lacs et le ciel.

L'**ulexite**, aussi connue comme de la « boronatrocalcite », est une pierre du désert formée dans des plaines de sel alcalin. L'ulexite est aussi appelée la « pierre téléviseur ». Si vous installez une plaque d'ulexite sur un morceau de papier sur lequel des mots sont écrits, ceux-ci sembleront être projetés sur le cristal. Mais si vous regardez une plaque d'ulexite de côté, la pierre paraît complètement opaque. L'ulexite est une bonne pierre à utiliser si vous voulez projeter un message vers le monde extérieur ou recevoir des intuitions sur vous ou sur d'autres personnes. L'ulexite est une pierre tendre, et elle pourrait se désagréger si vous la trempiez dans l'eau.

L'**unakite**, qu'on nomme parfois « unikite », est rose et verte ou, plus spécifiquement, corail et olive. Elle se compose de trois minéraux : le feldspath, l'épidote et le quartz. Certains croient que l'unakite est une bonne pierre à porter pour les femmes enceintes et qu'elle peut améliorer la santé à la fois de la mère et de l'enfant.

La **variscite** est une pierre froide, vert pâle, qui ressemble beaucoup à la turquoise. Elle peut vous aider à vous apaiser quand vous vous sentez accablé par l'inquiétude, la tension et le stress.

Le **verre aventurine** a été créé par des alchimistes qui essayaient de fabriquer de l'or. C'est en fait du verre doté d'un matériau métallique étincelant à l'intérieur. Même s'il est fabriqué par l'homme, le verre aventurine est tout de même une pierre magnifique, à la fois fascinante et inspirante. Le verre aventurine bleu peut être utilisé pour nous rappeler la beauté du ciel nocturne, et il nous aide à nous rappeler que nous pouvons trouver la lumière, même dans l'obscurité.

La **vésuvianite**, trouvée originellement sur le mont Vésuve, est associée à la fertilité et à l'énergie de la déesse, probablement en raison de sa couleur vert vif.

La **wulfénite**, une pierre orange, jaune et rouge, peut enflammer les passions et faire en sorte que l'amour continue de brûler.

Le **zircon**, une magnifique gemme naturelle, est souvent confondu avec l'oxyde de zirconium cubique, une imitation de diamant fabriquée en laboratoire. Historiquement, le zircon était utilisé comme substitut du diamant, et vous pouvez toujours l'utiliser à la place du diamant pour des objectifs métaphysiques. En plus des variétés transparentes, le zircon est disponible en rouge, en orange, en jaune, en vert et en bleu. L'hyacinthe est une forme rouge du zircon.

La **zoïsite** est typiquement verte avec un centre de couleur rubis. Étant donné que la zoïsite incorpore souvent deux pierres séparées sur les côtés opposés du disque chromatique, ce peut être un outil utile si vous tentez d'harmoniser deux extrêmes, d'attirer de nouvelles personnes ou de nouvelles idées, ou de travailler avec des partenaires opposés.

Guides de référence

Les cristaux par couleur

Rouge	Alexandrite, opale de feu, grenat, cornaline rouge, jaspe rouge, œil-de-tigre rouge, tourmaline rouge, rhodochrosite, rhodonite, rubis, sardoine, spinelle, thulite
Rose	Calcite de cobalt, corail, kunzite, morganite, opale, agate rose, aventurine rose ou pêche, calcite rose, cornaline rose, danburite rose, dolomite rose, quartz rose, smithsonite, stilbite, thulite, unakite
Orange	Ambre, calcite orange, cornaline orange, millénium orange, pierre de Soleil, œil-de-tigre, topaze, wulfénite
Jaune/or	Amétrine, ambre, laiton, chrysobéryl, citrine, cuivre, calcite doré, verre aventurine, calcite miel, bois silicifié, pyrite, soufre, pierre de Soleil, œil-de-tigre, topaze, jaspe jaune

Vert	Actinolite, alexandrite, apophyllite, aventurine, sanguine, chrysoprase, diopside, dioptase, émeraude, épidote, calcite vert, fluorite verte, obsidienne verte, tourmaline verte, hiddénite, jade, malachite, moldavite, agate mousseuse, néphrite, péridot, prehnite, séraphinite, serpentine, unakite, variscite, vésuvianite, zoïsite
Bleu-vert	Amazonite, aigue-marine, quartz aqua aura, azurite, topaze bleue, bornite, chrysocolle, labradorite, larimar, silice quantum quattro, turquoise
Bleu	Angélite, azurite, calcédoine bleue, verre aventurine bleu, agate à dentelle bleue, obsidienne bleue, dumortiérite, œil-de-faucon, cyanite, labradorite, lapis-lazuli, saphir, sodalite, tanzanite
Indigo	Apatite, charoïte, œil-de-faucon, lapis-lazuli, sugilite, tanzanite
Violet/ mauve	Améthyste, amétrine, charoïte, ijolite, lépidolite, fluorite violette, agate violette, sugilite
Noir	Larmes d'Apache, perles noires, tourmaline noire, pierres de Boji, jais, pierre d'aimant, pierre nébuleuse, obsidienne, onyx, obsidienne flocon de neige, tectite
Brun	Andalousite, aragonite, pierres de Boji, chiastolite, rose des sables, silex, fulgurite, jaspe, balles moquis, quartz fumé, topaze

Blanc	Calcite, célestine, dolomite blanche, howlite, pierre de Lune, nacre, perles, sélénite, quartz neige
Clair	Calcite clair, danburite claire, dolomite claire, quartz clair, diamant, diamant Herkimer, phénacite, ulexite, zircon
Argent	Galène, hématite, mica, muscovite, platine, argent
Cristaux disposant de plusieurs couleurs et mélanges	Agate, amétrine, apophyllite, béryl, sanguine, calcite, œil-de-chat, fluorite, jaspe, malachite, opale, érubescite, pétalite, obsidienne arc-en-ciel, rubis en zoïsite, sardonyx, topaze, quartz Tourmaline, pierre zébrée

Pierres de naissance

Mois	*Moderne*	*Traditionnel/ancien*
Janvier	Grenat	Grenat
Février	Améthyste	Améthyste
Mars	Aigue-marine	Sanguine
Avril	Diamant	Diamant ou topaze blanche
Mai	Émeraude	Émeraude
Juin	Perle (alternatives : alexandrite, pierre de Lune)	Alexandrite, pierre de Lune, perle
Juillet	Rubis	Rubis
Août	Péridot, sardonyx	Péridot, sardonyx
Septembre	Saphir	Saphir
Octobre	Opale rose (alternatives : zircon rose, tourmaline)	Opale, tourmaline
Novembre	Citrine, topaze jaune	Citrine, topaze jaune
Décembre	Turquoise	Topaze bleue, zircon bleu, lapis lazuli, turquoise

Correspondances planétaires

Planète	**Moderne**	**Chaldéen** (Mésopotamie, 400 ans avant notre ère.)
Mercure	Agate	Agate
Uranus	Aigue-marine	–
Vénus	Émeraude, jade	Émeraude
Neptune	Opale, améthyste	–
Terre	Agate	–
Pluton	Kunzite, spinelle	–
Mars	Rubis, grenat, sanguine	Rubis
Lune	Perles, pierre de Lune	Sélénite
Jupiter	Améthyste, saphir	Hyacinthe
Soleil	Topaze, rubis	Diamant
Saturne	Saphir, onyx, obsidienne	Saphir

Pierres du zodiaque

Signe	**Planète**	**Couleur**	**Cristaux correspondants**
Bélier	Mars	Rouge	Alexandrite, opale de feu, grenat, cornaline rouge, jaspe rouge, œil-de-tigre rouge, tourmaline rouge, rhodochrosite, rhodonite, rubis, sardoine, spinelle
Taureau	Vénus	Vert	Actinolite, alexandrite, apophyllite, aventurine, sanguine, chrysoprase, diopside, dioptase, calcite vert, émeraude, épidote, fluorite verte, obsidienne verte, tourmaline verte, jade, malachite, moldavite, agate mousseuse, néphrite, péridot, prehnite, serpentine, unakite, variscite, vésuvianite
Gémeaux	Mercure	Jaune	Amétrine, ambre, chrysobéryl, citrine, cuivre, calcite doré, verre aventurine, hiddénite, calcite miel, bois silicifié, pyrite, soufre, pierre de Soleil, œil-de-tigre, topaze, jaspe jaune
Cancer	Lune	Blanc	Calcite, célestine, dolomite blanche, howlite, pierre de Lune, nacre, perle, sélénite, quartz neige
Lion	Soleil	Orange ou or	Ambre, calcite orange, cornaline orange, millénium orange, pierre de Soleil, œil-de-tigre, topaze, wulfénite
Vierge	Mercure	Bleu	Angélite, azurite, calcédoine bleue, verre aventurine bleu, agate à dentelle bleue, obsidienne bleue, dumortiérite, œil-de-faucon, cyanite, labradorite, lapis-lazuli, saphir

Balance	Vénus	Rose	Calcite de cobalt, corail, kunzite, morganite, opale, agate rose, aventurine rose ou pêche, calcite rose, cornaline rose, danburite rose, dolomite rose, quartz rose, smithsonite, unakite
Scorpion	Pluton	Noir	Larmes d'Apache, perles noires, tourmaline noire, pierres de Boji, jais, pierre d'aimant, pierre nébuleuse, obsidienne, onyx, obsidienne flocon de neige, tectite
Sagittaire	Jupiter	Violet	Améthyste, amétrine, charoïte, ijolite, lépidolite, fluorite violette, agate violette, sugilite
Capricorne	Saturne	Brun	Andalousite, aragonite, pierres de Boji, chiastolite, rose des sables, silex, fulgurite, jaspe, balles moquis, quartz fumé, topaze
Verseau	Uranus	Bleu-vert	Amazonite, aigue-marine, quartz aqua aura, azurite, topaze bleue, chrysocolle, labradorite, larimar, érubescite, silice quantum quattro, turquoise
Poissons	Neptune	Indigo et violet	Apatite indigo, charoïte, œil-de-faucon, lapis-lazuli, sugilite, tanzanite, améthyste violette, amétrine, ijolite, lépidolite, fluorite violette, agate violette

Pierres de chakra

Chakra	Emplacement	Associations	Couleur	Cristaux
1. Chakra de la base ou de la racine	La base de la colonne vertébrale	Problèmes de survie, existence physique, et préoccupations matérielles comme la nourriture, les vêtements et l'abri	Rouge	Alexandrite, opale de feu, grenat, cornaline rouge, jaspe rouge, œil-de-tigre rouge, tourmaline rouge, rhodochrosite, rhodonite, rubis, sardoine, spinelle. Note : les cristaux foncés comme l'hématite, la pierre d'aimant, l'obsidienne et l'onyx sont souvent utilisés en combinaison avec le premier chakra pour mieux s'ancrer.
2. Chakra du ventre ou de la rate	Entre l'os pelvien et le nombril	Sexualité et créativité	Orange	Ambre, calcite orange, cornaline orange, millénium orange, pierre de Soleil, œil-de-tigre, topaze, wulfénite
3. Chakra du plexus solaire	Sous le sternum	Pouvoir personnel	Jaune	Amétrine, ambre, cuivre jaune, chrysobéryl, citrine, cuivre, calcite doré, verre aventurine, hiddénite, calcite miel, bois silicifié, pyrite, soufre, pierre de Soleil, œil-de-tigre, topaze, jaspe jaune

4. Chakra du cœur	Le cœur	Amour et émotion	Vert	Actinolite, alexandrite, apophyllite, aventurine, sanguine, chrysoprase, diopside, dioptase, calcite vert, émeraude, épidote, fluorite verte, obsidienne verte, tourmaline verte, jade, malachite, moldavite, agate mousseuse, néphrite, péridot, prehnite, serpentine, unakite, variscite, vésuvianite
5. Chakra de la gorge	La gorge	Communication	Bleu	Angélite, azurite, calcédoine bleue, verre aventurine bleu, agate à dentelle bleue, obsidienne bleue, dumortiérite, œil-de-faucon, cyanite, labradorite, lapis-lazuli, saphir
6. Chakra du troisième œil	Le front	Imagination et habileté psychique	Indigo	Apatite, charoïte, œil-de-faucon, lapis-lazuli, sugilite, tanzanite
7. Chakra de la couronne	Juste au-dessus de la tête	Spiritualité	Violet	Améthyste, amétrine, charoïte, ijolite, lépidolite, fluorite violette, agate violette, sugilite. Note : en raison de leur association avec l'esprit, vous pouvez aussi utiliser des cristaux transparents sur le septième chakra, comme le quartz clair, la danburite, les diamants Herkimer et la sélénite.

Pour attirer ou améliorer

Abondance	Cristaux d'abondance
Amitié	Chrysoprase, quartz rose, tourmaline rose, turquoise
Amour	Pierres romantiques: alexandrite, ambre, améthyste, chrysocolle, diamant, émeraude, jade, lapis-lazuli, lépidolite, malachite, pierre de Lune, opale, perle, quartz rose, rhodochrosite, rhodonite, saphir, topaze, tourmaline rose, tourmaline melon d'eau, turquoise
Argent	Pierres vertes: aventurine, chrysoprase, émeraude, tourmaline verte, jade, malachite; ou pierres dorées: citrine, calcite doré, pyrite, œil-de-tigre
Bonheur	Pierres ensoleillées, optimistes : calcite orange, chrysoprase, pierre de Soleil, unakite; pierres réconfortantes: cyanite bleue, érubescite; quartz rose
Calme	Quartz rose
Communication	Pierres bleues et bleu-vert pour le chakra de la gorge: amazonite, quartz aqua aura, aigue-marine, agate à dentelle bleue, turquoise
Confiance et courage	Agate, sanguine, calcite, cornaline, charoïte, diamant, hématite, œil-de-tigre
Créativité	Jaune pour l'intellect: calcite, citrine, opale, topaze; vert pour la fertilité et la croissance: amazonite
Énergie	Pierres rouge ardent et orange: cornaline, grenat, jaspe rouge

Grossesse	Géodes, qui semblent être enceintes de formations microcristallines; pierres associées aux déesses: pierre de Lune, sélénite; unakite
Habileté psychique	Améthyste, quartz clair
Harmonie familiale	Cristaux en grappes
Intellect	Pierres géométriques structurées: fluorite, pyrite
Mariage et relations	Tout cristal jumeau et toute pierre mêlant deux couleurs contrastantes: amétrine, jaspe dalmatien, malachite, balles moquis, rubis en zoïsite, quartz rutilé, sodalite, obsidienne flocon de neige, quartz tourmaline, unakite, tourmaline melon d'eau
N'importe quoi	Pierre d'aimant, magnétite
Patience	Pierres roses réconfortantes et calmantes: rhodonite
Plantes saines	Pierres vertes: agate verte, agate mousseuse, jade, malachite
Rêves agréables	Les couleurs du crépuscule: améthyste, azurite, citrine, pierre de Lune, opale, sélénite
Santé générale	Pierres vertes: émeraude, aventurine, calcite vert, tourmaline verte, malachite
Sexe	Cristaux rouges passionnés: rubis, grenat, shiva lingam
Voyage sécuritaire en avion	Pierres d'ancrage: tourmaline noire, hématite, obsidienne, quartz fumé; pierres célestes: célestine, agate à dentelle bleue; pierres visionnaires: œil-de-faucon
Voyage sécuritaire en mer	Aigue-marine, corail, larimar, perle

Pour repousser ou éliminer

Anxiété	Quartz rose, rhodochrosite, rhodonite, péridot, aventurine
Cauchemars	Améthyste, pierres trouées
Chagrin	Larmes d'Apache
Cœur brisé	Quartz rose
Colère	Améthyste, cornaline, chrysocolle, émeraude, calcite vert, tourmaline verte, lépidolite, topaze
Dépendance	Améthyste
Dépression	Agate bleue, kunzite, ambre, topaze
Jalousie	Péridot, chrysoprase
Peur	Charoïte, quartz fumé
Stress	Pierres d'ancrage : tourmaline noire, hématite, obsidienne, quartz fumé; pierres calmantes: rhodochrosite, rhodonite

Glossaire

Acupuncture. Méthode pour traiter la maladie en insérant des aiguilles dans les méridiens du corps.

Adamantin. Lisse, réfléchi et poli.

Adularescence. Lustre laiteux et étincelant créé par des inclusions microscopiques.

Affirmations. Forme de magie pratique qui fonctionne au niveau tant conscient qu'inconscient en rééduquant le cerveau pour qu'il pense en termes positifs.

Agrégats. Combinaisons de cristaux microscopiques.

Alliage. Mélange de deux métaux ou plus, ou mélange d'un métal et d'une autre substance.

Amorphe. Substance sans structure clairement définie.

Amulettes. Porte-bonheurs que l'on peut porter pour être protégé ; ils ont pour objectif d'éloigner les mauvaises choses.

Anciens éléments. La terre, l'eau, l'air et le feu.

Annales akashiques. Dépositaire cosmique de toute connaissance.

Anthraxolite. Vie végétale pétrifiée, qui peut se présenter sous forme de taches de charbon noir.

Assemblé. Produit à partir de deux cristaux différents ou plus.

Astérisme. Image en forme d'étoile qui apparaît lorsque certaines gemmes sont taillées.

Aura. Champ électromagnétique naturel qui entoure le corps humain.

Aventurescence. Lustre réflectif causé par de petites inclusions métalliques. L'aventurine, la pierre de Soleil et le verre aventurine présentent des aventurescences.

Axe. Ligne droite à travers un cristal qui définit sa symétrie.

Brut. Cristal non découpé, non poli.

Cabochon. Pierre ayant une base plate et une surface en forme de dôme.

Carat. Unité de mesure utilisée pour peser les gemmes ; un carat représente le cinquième d'un gramme.

Chakra. Mot sanscrit qui signifie « roue » ou « disque ». Les chakras composent le système énergétique du corps humain.

Channeling. Acte de se connecter aux royaumes spirituels et de communiquer avec eux.

Chatoiement. Effet œil-de-chat, que l'on rencontre chez certains cristaux, et par lequel une bande chatoyante de lumière se déplace sur la surface d'une pierre.

Ciré et huilé. Imprégné de cire, de paraffine et d'huile incolores.

Clarté. Transparence relative d'un cristal et absence d'inclusions.

Clivage. Plan naturel de faiblesse dans un minéral, où il se fendra.

Côté. Aussi nommé « arête ».

Cristal. Solide dans lequel les atomes ou molécules sont organisés en un motif défini et répétitif.

Cristal isométrique. Cristal en forme de cube à quatre faces égales.

Cristal monoclinique. Cristal formé comme un petit parallélogramme trapu et doté de faces inclinées à chaque extrémité.

Cristal orthorhombique. Cristal en forme de rectangle de faible hauteur, mais large, ou rhomboïde.

Cristal quadratique. Cristal en forme de rectangle long et haut.

Cristal trigonal. Cristal doté de trois côtés équilatéraux.

Cristallin. Toute substance dotée d'un arrangement atomique spécifique.

Cristallomancie. Divination à l'aide d'une boule de cristal ou de toute surface lisse et réfléchissante.

Cristal piézoélectrique. Minéral qui vibre régulièrement lorsqu'un courant électrique passe à travers lui.

Cristaux hexagonaux. Prismes ou pyramides à six arêtes.

Décoloré. Chimiquement éclairci ou éliminé.

Devas. Esprits de la nature.

Diffraction. Processus par lequel on sépare la lumière blanche en un spectre de couleurs.

Diffusé. Traité avec des produits chimiques et des températures élevées, pour modifier la couleur ou produire des effets spéciaux.

Digitopuncture. Forme pratique de guérison alternative.

Dispersion. Processus par lequel on sépare la lumière blanche en un spectre de couleurs.

Dodécaèdre. Solide à 12 faces, chacune étant un pentagramme parfait à cinq côtés.

Dureté. Résistance aux égratignures.

Échelle de Mohs. Méthode de classification de la dureté relative des minéraux.

Effet étoilé. Image qui ressemble à des bandes de lumière qui se croisent sur la surface d'une gemme. Les rubis, les saphirs et les grenats présentent souvent un effet étoilé.

Élémentaux. Incarnations déviques des quatre anciens éléments. Les élémentaux de la Terre sont les gnomes et leur population, qui peut inclure les elfes et les farfadets. Les élémentaux de l'air sont les sylphides, incluant les fées et les chérubins. Les élémentaux du feu sont les salamandres, les créatures ardentes qui ressemblent habituellement à des lézards ou à des boules de lumière. Les élémentaux de l'eau sont les ondines, comme les nymphes, les sirènes et les esprits de l'eau.

Élixir. Substance magique destinée à la guérison.

Enduit. Laqué, émaillé, encré, laminé d'une mince feuille d'aluminium, ou traité autrement pour obtenir une plus belle couleur, une apparence améliorée et des effets spéciaux.

Enhydre. Littéralement « eau à l'intérieur ». Les cristaux enhydres contiennent des poches de liquide enfermées à l'intérieur du cristal durant sa formation.

Facette ou face. Toute surface plate sur un cristal.

Gemmes organiques. Matériaux cristallins fabriqués par des organismes vivants, ou dérivant d'organismes vivants, comme l'ambre.

Gemmes pléochroïques. Pierres qui affichent une couleur dans une direction, mais montrent une ou plusieurs couleurs ou nuances lorsqu'on les regarde dans une autre direction.

Géode. Pierre ayant une cavité recouverte de cristal.

Géométrie sacrée. Étude des mathématiques comme une voie vers Dieu.

Graisseux. Lustre huileux.

Granulaire. Granuleux.

Gravité spécifique. Densité d'un cristal, calculée en comparant son poids au poids d'un volume d'eau équivalent.

Grille. Modèle utilisé pour disposer les cristaux et les pierres durant une séance de guérison.

Hexaèdre. Cube à six faces, chacune étant un carré parfait.

Icosaèdre. Solide à 20 faces, chacune étant un parfait triangle équilatéral.

Idiochromatique. Couleur inhérente à la composition et à la structure chimiques.

Inclusions. Particules de matière étrangère, comme de la terre, de la poussière, d'autres minéraux, ou des poches d'eau ou d'huile qui se trouvent enfermées dans un solide.

Inconscient collectif. Lien d'émotion et de compréhension partagées qui unit tous les individus à un niveau psychique. C'est aussi le puits de mythes, d'histoires et d'associations légendaires partagés par tous.

Infusé d'huile ou de résine. Traité avec de l'huile incolore, de la cire, de la résine naturelle ou un autre matériau.

Irisation. Effet de couleurs qui ressemble à un arc-en-ciel.

Irradié par des rayons gamma ou par des électrons. Sujet au bombardement par des rayons gamma ou des électrons.

Lié. Fusionné par un agent de liage incolore.

Lustre. Luisance globale d'une gemme, déterminée par la façon dont elle reflète la lumière.

Mandala. Motif coloré et circulaire qui représente la forme et la création de l'Univers.

Matrice. Base ou pierre de fondation sur laquelle se développe un cristal.

Méditation active. Forme dynamique et vivante de méditation qui suppose habituellement le mouvement physique.

Méditation réflexive. Forme apaisante, paisible et passive de méditation. Pour les Occidentaux, elle présente beaucoup de similitudes avec la méditation zen, qui consiste à s'oublier et à faire l'expérience de l'Univers comme un tout.

Méridiens. Lignes d'intersection et trajectoires qui relient les chakras.

Microcristallin. Structure minérale dans laquelle les cristaux sont trop petits pour être détectés à l'œil nu.

Monticule. Pyramide formée de piles de pierres et servant de point focal à l'énergie.

Obélisques. Piliers à quatre côtés dont les extrémités forment une pyramide.

Octaèdre. Solide à huit faces, chacune étant un triangle équilatéral parfait.

Opalescence. Chatoiement bleu laiteux.

Opaque. Ni transparent ni translucide.

Pendule. Tout objet qui est pendu à un cordon pour faire de la radiesthésie et de la divination.

Pierre. Conglomérat de plusieurs minéraux, produits chimiques et matériaux organiques solides qui proviennent de l'intérieur de la Terre.

Pierres. Diminutif de « pierres gemmes ».

Pierres gemmes. Cristaux qui peuvent être découpés et polis pour être transformés en bijoux.

Piézoélectricité. Courant électrique que produisent certains cristaux lorsqu'ils sont pressés.

Plan astral. Niveau spirituel de réalité, rempli de pensées et d'imagerie mentale.

Polycristallin. Composé d'un nombre élevé de petits cristaux.

Programmer. Insuffler un plan ou une intention dans un cristal.

Purification. Processus d'effacement de programmes ou d'impressions dans un cristal.

Pyroélectricité. Courant électrique produit par certains cristaux à la suite de changements de température.

Radiesthésie. Divination à l'aide d'un pendule.

Réfraction. Distorsion de la lumière.

Rempli ou **comblé**. Ajout de verre, de plastique ou d'autres matériaux stabilisants.

Résonance. Vibration qui se produit en réaction à d'autres fréquences dans le secteur.

Rêve lucide. Rêve conscient.

Rhomboèdre. Prisme à six faces.

Roche sédimentaire. Sédiment durci d'autres fragments de roche, de matériaux organiques et d'autres substances.

Roches ignées. Formées de lave volcanique durcie ou de magma solidifié.

Roches métamorphiques. Toute roche formée par l'action de la chaleur, de la pression, ou par l'infiltration d'autres substances sur du matériau rocheux préexistant.

Runes. Ancient alphabet magique du nord de l'Europe.

Rutile. Minéral qui forme des inclusions qui ont l'apparence d'aiguilles à l'intérieur d'autres types de minéraux et de cristaux.

Saturation. Pureté de la couleur. Les cristaux qui ont beaucoup de gris ou de brun sont moins saturés par les autres couleurs et, en conséquence, paraissent ternes. Également, les cristaux qui sont trop légers et faiblement saturés sont aussi ternes, parce qu'ils paraissent délavés.

Scintillation. Scintillement.

Semi-métallique. Opaque et généralement non réfléchissant.

Semi-translucide. Transmet une quantité limitée de lumière.

Semi-transparent. Transmet la quasi-totalité de la lumière à travers une substance.

Strie. Égratignure, entaille ou ligne parallèle.

Symétrie. Proportions équilibrées.

Synchronicité. Coïncidence significative.

Synthétique. Fabriqué par l'homme.

Tabulaire. Plat, comme une table.

Taillé au laser. Traité au laser.

Talismans. Porte-bonheurs.

Teint. Recoloré ou traité à la couleur.

Teinte. Couleur. L'œil humain peut distinguer 150 teintes différentes, incluant toutes les couleurs de l'arc-en-ciel – rouge, orange, jaune, vert, bleu, indigo, et violet.

Terminaison. Pointe à l'extrémité d'un cristal.

Tétraèdre. Pyramide triangulaire à quatre faces, chacune étant un triangle équilatéral parfait.

Ton. Luminosité ou obscurité relative d'une teinte.

Totems. Objets sculptés en forme d'animaux ou de créatures mythiques.

Trait. Couleur que laisse un minéral lorsque l'on raye une plaque de porcelaine blanche non vernie avec celui-ci ; méthode d'identification des minéraux.

Traité à la chaleur. Chauffé pour changer la couleur, la clarté ou le phénomène produit. Le saphir, le rubis, la tanzanite, la citrine et l'aigue-marine sont couramment améliorés par des traitements à la chaleur.

Traitement. Toute technique employée pour améliorer un cristal ou une gemme, comme la chaleur, la décoloration, la coloration, la diffusion et l'irradiation.

Translucide. Permet à la lumière de traverser.

Transparence. Façon dont la lumière traverse un cristal.

Transparent. Clair comme une vitre de fenêtre.

Trapèze. Cristal qui ressemble à une pyramide, mais dont le sommet est coupé.

Triclinique. Plat avec des extrémités pointues, mais aucun angle droit.

Vacuoles. Petites cavités formées à l'intérieur de la pierre lorsque les cristaux s'érodent et laissent un vide derrière.

Vitreux. Qui a l'aspect du verre.

Voyage astral. Exercice de méditation au cours duquel la conscience quitte véritablement le corps et voyage à travers l'espace et le temps sur le plan astral.

Bibliographie

Livres

ANDREWS, Ted. *Crystal Balls & Crystal Bowls*, St. Paul (Minn.), Llewellyn Publications, 1995.

ARCARTI, Kristyna. *Gems and Crystals for Beginners*, Londres, Hodder & Stoughton, 1994.

CUNNINGHAM, Scott. *Cunningham's Encyclopedia of Crystal, Gem & Metal Magic*, St. Paul (Minn.), Llewellyn Publications, 1998 et 2002.

DARLING, Peter. *Crystals*, Londres, Quintet Publishing, 1998.

DOW, JaneAnn. *Crystal Journey : Travel Guide for the New Shaman*, Santa Fe (N.M.), Journey Books, 1994.

EDEN, Donna. *The Energy Medicine Kit*, Boulder (Colo.), Sounds True, 2004.

ELSBETH, Marguerite. *Crystal Medicine*, St. Paul (Minn.), Llewellyn Publications, 1997.

GALDE, Phyllis. *Crystal Healing : The Next Step*, St. Paul (Minn.), Llewellyn Publications, 1988.

GRIBBIN, John. *Quantum Physics : A Beginner's Guide to the Subatomic World*, New York, Dorling Kindersley Limited, 2002.

HALL, Judy. *The Crystal Bible : A Definitive Guide to Crystals*, Cincinnati, Walking Stick Press, 2004.

HAROLD, Edmund. *Focus on Crystals*, New York, Ballantine Books, 1986.

HARRISON, Stephanie, et Barbara KLEINER. *The Crystal Wisdom Kit*, Boston, Journey Editions, 1997.

JANGL, Alda Marian, et James Francis JANGL. *Ancient Legends of Gems and Jewels*, Cœur d'Alene (ID), Prisma Press, 1985.

JUDITH, Anodea. *The Truth About Chakras*, St. Paul (Minn.), Llewellyn Publications, 1994.

KUNZ, George Frederick. *The Curious Lore of Precious Stones*, New York, Dover Publications, 1971.

MELODY. *Love Is in the Earth*, Wheat Ridge (Colo.), Earth-Love Publishing House, 1995.

MORWYN. *The Complete Book of Psychic Arts*, St. Paul (Minn.), Llewellyn Publications, 1999.

OZANIEC, Naomi. *Basic Meditation*, New York, Dorling Kindersley Limited, 1997.

PELLANT, Chris. *Rocks and Minerals*, New York, Dorling Kindersley Limited, 1992.

RAPHAELL, Katrina. *Crystal Enlightenment : The Transforming Properties of Crystals and Healing Stones*, Santa Fe (N.M.), Aurora Press, 1985.

SPANGLER, David. *Blessing : The Art and the Practice*, New York, Riverhead Books, 2001.

SULLIVAN, Kevin. *The Crystal Handbook*, New York, Signet, 1987.

TOY, Fiona. *Auras and Chakras : Harnessing the Energy Within*, New York, Landsdowne Publishing, 2002.

WALKER, Barbara. *The Book of Sacred Stones*, San Francisco, Harper, 1989.

YOUNG, Evelyn M. *Dreams*, Boston, Element Books, 1998.

ZIM, Herbert S., et Paul R. SHAFFER. *Rocks and Minerals*, New York, Golden Press, 1957.

Sites Internet

http://crystalsandjewelry.com. Robyn Harton, designer de bijoux et maître enseignante de *reiki*, a placé une pléthore de renseignements sur les cristaux et les gemmes sur son site, incluant les propriétés métaphysiques de nombreux cristaux, de l'information sur les chakras et des plans de guérison.

http://mineral.galleries.com. The Mineral Gallery, une base de données scientifique, fournit de multiples index croisés de minéraux communs listés par classe et par groupe, de même que leurs descriptions détaillées, leurs caractéristiques et des photographies.

http://mineralminers.com. Visitez Mineral Miners en ligne et vous découvrirez une galerie virtuelle contenant des milliers d'images de spécimens uniques de minéraux, de cristaux, de gemmes, de roches lapidaires, de sphères minérales et de bijoux. Vous y trouverez également des gemmes faites à la main et des idées de cadeaux à base de minéraux provenant de mines et de boutiques lapidaires situées un peu partout dans le monde.

http://rainbowcrystal.com. Beyond the Rainbow, un site dirigé par Connie Barrett et Joyce Kaessinger, offre une vaste gamme d'articles sur les cristaux, incluant des renseignements détaillés sur des douzaines de cristaux populaires et des recommandations particulières pour leur utilisation. Leurs expériences personnelles et leurs conseils sont particulièrement utiles.

http://rings-things.com. Rings and Things est un marchand de perles qui offre des descriptions détaillées de centaines de gemmes, de même que des définitions, des récits historiques et des photographies.

http://www.thaigem.com. Bien que le site vise les acheteurs de gemmes, Thaigem offre aussi une vaste gamme de renseignements pour ceux qui recherchent de cristaux dans des buts métaphysiques.

À propos de l'auteure

Corrine Kenner est spécialisée dans la vulgarisation des sujets métaphysiques. Ses travaux sur le tarot sont largement publiés, et ses cours et ateliers sont parmi les préférés des étudiants dans le Midwest.

En plus de *Cristaux pour débutants,* Corrine est l'auteure de *Tall Dark Stranger,* un manuel sur l'utilisation des cartes de tarot pour connaître l'amour ; de *Tarot Journaling,* un guide sur l'art de tenir un journal de tarot ; et de *The Epicurean Tarot.* Elle a aussi compilé une anthologie de récits à la première personne intitulée *Strange But True.* Elle est maître certifié de tarot, et elle détient un diplôme en philosophie de la California State University, à Long Beach.

Aussi disponibles aux Éditions AdA :

Méditation pour débutants

Développez votre intuition — pour débutants

Le tarot pour débutants

La projection astrale pour débutants

Le rêve lucide pour débutants

Spiritualité et clairvoyance pour débutants

L'abondance pour débutants

La cartomancie pour débutants

La lecture des auras pour débutants

La magie des couleurs pour débutants

La magie du pendule pour débutants

La visualisation créatrice pour débutants

Le voyage astral pour débutants

Guide pratique de magie blanche pour débutants

Chamanisme pour débutants

La numérologie pour débutants

La magie des bougies pour débutants

La divination délibérée pour débutants

Le développement spirituel pour débutants

Hypnose pour débutants

L'astrologie pour débutants

La protection psychique pour débutants

AdA
éditions
www.AdA-inc.com
info@AdA-inc.com